＜第2版＞

保育の表現活動

ことばを育む保育の素材・教材

植草 一世 編著

安藤則夫・戸丸俊文・鈴木朱美・園川緑 著

学 文 社

執筆者

植草一世　植草学園大学教授（はじめに, 序章, 1 章, 8 章, 9 章, 10 章, 11 章 -1, 2, 4, 12 章, 13 章）

安藤則夫　植草学園大学教授（2 章, 3 章, 4 章, 5 章）

戸丸俊文　植草学園大学教授（6 章）

鈴木朱美　植草学園大学附属弁天幼稚園副園長（7 章, 11 章 -3）

園川　緑　帝京平成大学（14 章）

はじめに

本書は，現職の保育者のみなさんや保育者になりたいと思っている人のために，乳幼児期の「保育の表現活動」をどのようにとらえ，具体的にどのように実践していったらいいのかを提案していきます。

私たち筆者は，幼稚園や小学校の教員の経験を持ち，現在は大学の教員として保育者，教育者養成に携わっています。今まで実践し，経験してきた事例を織り交ぜながら，保育現場で実際に行うことができる方法を出来るだけわかりやすく展開していきます。私たちは，子どもや学生の多くの表現活動や作品に出会ってきました。そして日々の保育，教育の方法や教材を子どもや学生から数多く学び工夫してきました。答えは子どもや学生のなかにあることを教えられました。そこで保育，教育活動のなかで得られた，子どもや学生の作品および保育のアイディアも紹介し，子どもの遊びや表現活動の意味を明らかにしていきます。

保育者は，子どもの表現を育む人です。表現を育む人は，幼い子どもと生活する人たちです。倉橋惣三は，子どもと生活する人を「芽を愛する，数多くない心の友」と表現しています（荒井洌『倉橋惣三 保育へのロマン』1997）。私は，「芽を愛する，数多くない心の友」である保育者が，子どもにちょっとした気遣いや意識を日常的に向けることで，子どもの表現活動を理解するようになり，より豊かな感性を子どものなかに培っていけるようになると考えます。子どもの表現を育む人になるためには，自分自身が表現活動を行うと同時に，子どもの表現活動に寄り添うことが必要と考えています。

私たちは今までの経験から，学生や子どもの表現活動の大切さを感じ，これをみなさんに伝えようと思いました。この本をきっかけに，みなさんが表現活動の楽しさや重要性を知り，それを学習し，表現活動を保育のいろいろな場面に活かせるようになっていただければと願っています。

出版に際し，多くの方々に沢山のご協力をいただきました。特に作品を提供してくださった学生のみなさん，カットを描いてくださった安藤香菜子さん，資料提供やアドバイスをいただいた東京おもちゃ美術館の館長多田千尋氏，穴川花園幼稚園教諭主任石川信子氏，葛飾こどもの園幼稚園加藤純子氏，愛隣幼稚園理事長木下勝世氏と元教諭中西志保氏，岩手大学教授名古屋恒彦氏，大揚社社長島崎和夫氏，手作り絵本館の主宰塩谷博晴氏，植草学園大学附属幼稚園の先生方に心よりお礼申し上げます。また，学文社社長田中千津子氏に深く感謝し，お礼申し上げます。

2014年3月

執筆者を代表して　植草　一世

目　次

序　章

本書のねらいと内容

本書は，保育者養成の授業で使っていただけるように構成しました。保育者として言語表現技術指導の基礎的知識，および必要な技術を，演習を通して身に付け，実際に活用できるようにしたいと思っています。

全体の流れは，初めに理論編で，乳幼児（障害のない子，ある子）のことばが発達するために必要な要因を明らかにし，大人や子ども同士の日常的なやりとりを通じて，ことばを使うことが楽しく思えるようにし，ことばを使うことで活動が充実すると感じられることの手立てを提案していきます。また，創造活動や鑑賞活動を行うことは，子どもの生活を豊かにすることに通じるという考えに基づいて，ことばを使った創造活動や鑑賞活動を活発にし，ことばを創造的に使おうとする意欲を高める考え方や方法について説明していきます。さらに小学校への橋渡しがうまくいくように小学校での例を取り上げながら，乳幼児期の表現活動でどのようなことを意識していけば良いのかを示していきます。

また，保育者の役割についても考えていきます。すでに子どもたちと生活を共にしている保育者のみなさんは，子どもと一緒に遊び，子どもに寄り添うなかで，様々な表現活動に出会っていることと思います。夢中になって遊んでいる子どもたちは，遊びながら自分の思いを，描く，つくる，演じる，踊る，奏でる，うたう，書くなど様々な形で表現しています。さらにそれが刺激となって遊びが展開していきます。また子どもの表現活動には，遊びと素材が切っても切れない関係として存在します。素材がきっかけで遊び始め，遊びの展開で次々に素材を加えていきます。遊びを通して素材に働きかけ，変化したその素材が刺激になって，子どもたちの表現が展開していきます。保育者の役割は，そこに表現された子どもの思いを受け止めていき，それに合わせて素材，教材を準備し環境を整えることにあります。

演習編では，子どもの表現活動の意味をとらえた上で，保育現場で行われている，ことば遊び，劇ごっこ，絵本作りの実際を紹介します。また子どもたちと一緒に表現活動をする保育者のみなさんが保育に役立つ温みのある手作りの素材や教材を子どもたちに提供できるような，アイディアを紹介していきます。

 この本の構成と使い方

本書の内容を整理すると，1章から6章までが理論編，7章から13章までが演習編となっています。

1. 保育者の位置づけを確認し，保育者に求められる専門性や役割を示していきます（1章）。
2. 乳幼児期言語の特徴を理解し，子どものことばの発達を支える要因について説明し，その上で，日常のやりとりの仕方についての理解につなげます（2章，3章，4章）。
3. ことばの遅れがある子どもへの働きかけについても，紹介します。ことばの遅れた子どもも含めて，子どもの遊びを豊かに展開するために必要な知識や技術を習得し活用できるように説明します（5章）。
4. さらに小学校での活動につながる保育のあり方について確認します。小学校入学に向けて，大切な心構えや指導の方法を解説します（6章）。
5. そして，保育現場で行われている，子どもの表現活動の実際を紹介し

ます（7章）。

6. 児童文化㈶と保育教材の意味を確認し，子どもがみずから児童文化㈶等に親しむ環境構成及び具体的展開のための技術を習得できるように理解を深めます。表現活動にかかわる教材（玩具，絵本，紙芝居，ペープサート，パネルシアターなど）の活用について紹介をします（8章，9章）。
7. 保育者の表現技術として，保育に役立つ様々な保育教材の作り方や保育の方法を説明します（10章，11章，12章，13章）。

演習編では，実際にみなさんが取り組めるように演習の課題を「ワーク」として示していきます。ワークは1～32までありますので活用してください。

（ワークの内容）

10章　保育者の表現技術　お話のはじまり

1　名前の絵カード

ワーク1：名前の絵カードを作ります。

ワーク2：そのカードを使って，お話を作ります。

ワーク3：お話をしながら，自己紹介をします。

2　ちいさな絵本

ワーク4：ちいさな絵本作りをします。

ワーク5：表紙，裏表紙を入れて8場面のお話を考えます。

ワーク6：作ったお話を発表します。

3　パペット

ワーク7：手袋人形を作ります。

ワーク8：靴下人形を作ります。

3　パペット

ワーク 27：パペットを準備します。

ワーク 28：パペットで演じます。

13 章　保育者の表現技術　絵本を作る

ワーク 29：お話を作ります。

ワーク 30：あらすじと絵の構成をします。

ワーク 31：絵本の各部の名称を学びます。

ワーク 32：手作り絵本の構造を確認します。

14 章　保育者の表現技術　手作りおもちゃ

ワーク 33：筒返しを作ります。

ワーク 34：作った筒返しでお話をします。

ワーク 35：六角返しを作ります。

ワーク 36：作った六角返しでお話をします。

全体として,「保育の表現活動」に関する知識や技術を紹介し習得できるようにします。日常の保育のヒントとしていただけたら幸いです。

子どもの表現活動における保育者の位置づけ

この章では，子どもの表現と保育者養成について，その大切さをお伝えします。また，子どもの表現活動における保育者の役割や専門性についてお伝えします。子どもが楽しくことばを使えるような環境を整えること，保育者が日常的に子どもとかかわりながら，ことばをどのように使えばうまくいくかを伝えること，子ども同士の会話を受け止め，感性を養い仲間のつながりを手助けすること，また創造活動や鑑賞活動を通して子どもの生活を豊かにしていく手助けをすることについて述べていきます。

子どもの表現と保育者養成

ことばによる表現活動は，生活のあらゆる面で行われています。欲しいものがある時や分からないことがある時，人に何かをしてもらいたい時や嬉しかったり悲しくなったりしたことなどの様々な気持ちを人に伝えたいときです。そして人と話をすることで，安心したり，楽しんだり，慰められて嬉しくなったりしてやる気を起していきます。また，仲間と協力したり，競い合ったり，遊んだりするときにことばを使います。人と話をする以外にも自分の考えをまとめるときや決断をするときや目標を定めるときにもことばが使われます。

ことばが日常的に使用されることで，言語能力が発達していきます。ですから日常出会う大人のことばかけや受け止め方が，その子の成長の土台となると言っても過言ではないでしょう。そういう意味でも，保育者養成は重要です。

しかし保育現場の先生方からは，実習生や新任の先生は，まじめで一生懸命だけれど「子どもと遊べない人が多い」と言われます。実習担当している私たち教員から見ても，学生たちは与えられた課題にしっかり取り組み，まじめに難なく学生生活をこなしているように見える一方で，実習のように総合的な実践力を求められると，自信がないことを理由に急に専門職を志向することを中止するという極端な決定をすることがあります。このようなときに何が起こっているのか本人と共に振り返り，自分が対応出来なかったことに向き合います。

保育者を目指す学生は知性的な専門性を求めるだけでなく，人間として幅広い経験，教養を身につけるようにすることが大切です。実習の前にボランティア活動等の現場体験を多く取り入れることはもとより，絵本制作等の表現活動を行い，自身の育ちを振り返れるようにします。そのことによって自発性や意欲の向上を図り，生きる力を持てること，自分が大切だと思えるものを見つけ自己決定できるようになることが大切です。

保育者に求められるもの

基本に立ち返って，幼稚園教育要領・保育所保育指針に示される「表現」を確認します。幼稚園教育要領では「第二章　ねらい及び内容　オ表現」で，保育所保育指針では「第３章　保育の内容，㈡教育に関わるねらい及び内容，表現」での冒頭文は，「感じたことや考えたことを自分なりに表現することを通して，豊かな感性や表現する力を養い，創造性を豊かにする。」となっています。特に表現活動・造形活動には，保育者の感性や表現力が大きく要求されます。

しかし，保育についてたくさんの研究がなされている現代であっても，保育に携わる仕事をしていると，まだまだ一般の人には保育の専門性については，あまり理解されていないと思うことがあります。それは，保育の仕事は，子どもを預かることで，それだけなら誰でもできると思われていることです。知育教育以外の成果をなかなか明確に確認できず，乳幼児期の保育の成果が理解されないことに起因しているように思います。

K幼稚園の実践研究会で報告されたことです。高学歴の保護者に「絵本が子どもの成長によい影響を与えるというなら成果をデータで示してほしい。今は効果を実感できないので子どもに絵本は買い与えない。」と言われ，保育者たちが対応に苦慮しているとのことでした。そういう親たちに共通することは，効果がすぐに確認できる知的教育を優先し，人間教育の基礎となり成長の土台となる情緒教育に目を向けていないことです。「乳幼児期は遊びで学ぶ」ことの大切さを理解してもらえないのも当然です。ですから，子育ては誰にでもできると同様に，特に専門的な学びがなくとも保育ができると思われるのでしょう。K幼稚園には，保育歴50年になるベテラン先生がいます。みんなにおばあちゃん先生と呼ばれています。子どもに絵本を読み聞かせるのと同じように，親にも絵本の読み聞かせを行い，絵本の楽しさやすばらしさを体験してもらっています。「子育てに絵本は必要か？」と言っていた親も「自分が幼児期に絵本に触れていなかった」ことに気づき，自分の育ちについて振り返りや補いをしています。おばあちゃん先生の子育て支援は，「子育て支援」ということばが使われていなかった時代からすでに行われていました。このことから分かるように保育者に求められる専門性を発揮する対象は，子どもとその親なのです。

保育者の役割と仕事

3.1　楽しくことばを使えるような環境を整えること

表現活動を行うに際して，保育者には子どもたちが楽しくことばを使えるような環境を整えるという役割や仕事があります。それは自由な雰囲気のなかで，大人や仲間と「おしゃべり」ができる環境です。私たち大人も，日常において仲間との自由な「おしゃべり」で，心も体もリラックスして楽しい思いに浸ることができると感じている人が多いのではないでしょうか。しかし「おしゃべり」を辞書で引くと「談笑，語らう，駄弁る，雑談，歓談，雑話，等々」と説明されていて，すべてが前向きな行為として表現されていません。そういえば教師である私は，授業中の私語を注意する時に「おしゃべりをやめなさい！」と「おしゃべり」を否定的に使います。大学生が講義を聴講する際の「おしゃべり」と，子育てのなかで長期的，総合的に行われる「おしゃべり」が，およそ違うことは当然おわかりのことと思います。

「おしゃべり」を思い浮かべるとき，私には，親しい人とリラックスしながら会話をする様子が思い浮かびます。同様に，こんな時には，気持ちがゆったりし，自分を表現したい気持ちが高まります。人との共感を伴う「おしゃべり」は心の健康にも自己表現・他者との心の結びつきにも役立つのです。同様に大人が，赤ちゃんとかかわる場合にもリラックスした「おしゃべり」であやし，語りかけることが大切です。リラックスしながら語りかければ，その語りかける内容の性格や声のトーンや質感も優しく温かくなっていくのでしょう。生活のなかで人にあやされ，語りかけられることで与えられる，赤ちゃんにとっての安心で安全な環境は，人とつながりたいという芽を育てているのでしょう。

幼児の場合も同じです。遊んでいる時，食事の時，着替えをする時，日常の生活のなかのあらゆる場面で，おしゃべりが見られます。日常の生活や遊びのなかで行うおしゃべりが大切です。幼児はおしゃべりをしながらことばの世界を広げ，使い方を間違えても気軽に修正していきます。

3.2 乳児とのかかわり

赤ちゃんのことばの芽が育つためには，共に生活をしている大人のことばを耳にし，自然に発せられた喃語を大人に受け止めてもらって，さらにことばを発してみたいと思えるようになることが大切です。そうなるためには，まずおかあさんのあたたかい胸に抱かれ，おかあさんの心臓の響きと声を聞きながら安心して安らぐ状態になることです。すでにお腹の中にいたときから，おかあさんの心臓の音を聞き，おかあさんのことばも柔らかく伝わっていたのでしょう。それは「ここにいれば心地よい」「この人がいれば安心」な環境が確保されるということです。乳児期に大切なことは，人との愛着関係を深めながら，赤ちゃん自身がことばを使うことが楽しいと思えることです。ことばの芽は，赤ちゃんの頃から人に向かって，たくさん声を出し，受け入れられることによって育っていきます。

日常的に赤ちゃんとかかわりながら，ことばをどのように使えばうまくいくのかをさりげなく伝えることが保育者の仕事です。日常の生活で子どもの思いを親しい大人が受け止めることで，子どもはことばで確認していきます。ご飯を食べているときに，赤ちゃんが「うまうま…」と言ったとします。大人は，それに対して「うまうま，おいしいね。ご飯，おいしいね。いっぱい食べておりこうね」などと，赤ちゃんの発したことばを受け止めながら補ってあげます。このような大人との「おしゃべり」の積み重ねが，子どものことばの獲得を促し，広がりをもたらし，会話力を高め，培うことになります。

3.3　幼児とのかかわり

幼児期には，少々間違えても，楽しくことばをたくさん使うことによってことばが獲得され，修正されていきます。この時期に大人と話したり，考えたり，物語を作ったり，絵本などの物語を鑑賞することが楽しいと思える体験をたくさんすることが大切です。

子どもが楽しくことばを使えるような環境を整え，共に会話することで，ことばを使ってよかった，もっと使いたいと思えるようにすることが保育者の仕事となります。

傘をクルクル

幼稚園の３歳クラスの女児Ｍちゃんが，ある雨の日に「クルクルして！」と私に傘を差し出しました。私は傘を広げて，言われたとおりに空に向かってクルクルと回しました。傘が軽快に回り水がはじけました。しかし，Ｍちゃんは不満そうな顔をして「クルクルして！」と言うばかりです。そこで傘を閉じ地面にたてて，クルクルと回してみました。まだ，不服な顔をしています。その時，Ｍちゃんの思いが他にあることにようやく気づき，顔を見つめて「どうやってクルクルするの？」と聞きました。傘の綴じひもを引っ張って「クルクルするの！」と動作とともに言われて，やっとＭちゃんが傘を片付けて部屋に入りたかったことに気づきました。小さな手では，傘をすぼめて綴じて傘立てに入れるという行いが難しかったのです。「クルクル」は，この一連の動作すべてを意味することばだったのです。「傘をクルクルして片づけるのね？」と聞くと，ようやくニッコリと笑って「クルクルして，片づけてください」と言いました。「片づける」という「クルクル」のことばの意味を二人で共有し，会話を楽しみました。私自身，Ｍちゃんの「クルクル」の意味を知り，ようやくＭちゃんのしたいことが理解でき，とても嬉しくなりました。

3.4 仲間のつながりを手助けすること

保育者は，子ども同士の会話を受け止め，仲間のつながりを手助けします。3，４歳の子どもたちの遊ぶ様子を見ていると，話し合ってイメージを共有する力があまりありません。そのために遊びがつまらなくなっても仲間同士で話し合って遊びを展開できないので，そのまま遊びが終わってしまいます。その時に，保育者が相談役となりアイディアを提供すると遊びがさらに発展しておもしろくなっていきます。保育者が相談役をすることで，仲間同士で話し合っていくことが大切だということに子どもたちは気づいていきます。

５歳ともなると話し合う力がついてきて，遊びを自分たちで展開していく様子が見られるようになってきます。仲間と共有することばも盛んに使われるようになってきます。

メシ食ってけよ

私が幼稚園の先生だったときのエピソードです。5歳になったばかりの男児Kくんが仲間とおままごとをしていました。私がおかあさん役でした。Kくんが「おかあちゃん，お友達にもお昼ご飯作ってくれる？」と言ったので，おかあさん役の私は「いいよ。お友達の分も作ってあげるよ」と言いました。その子は，くるっと友達の方を向いて「おまえら，おれんちでメシ食ってけよ」と，言いました。何ともほほえましいKくんでした。おかあさんと仲間とのことばの使い分けができるようになったこと，相手によってことばを選べるようになったということは，人との役割関係が取れるようになってきたことを示しています。また子ども同士のおしゃべりでは，仲間ことばを使うことで，仲間として認め合い，ことばの感性を培っているのでしょう。おかあさん役の私は，さりげなく「Kくんはいろんなことばを使えるんだね」と認めることばかけをしました。仲間とことばを共有し活発に遊ぶなかで，これからはことばの成長が期待できることを感じた場面でした。

3.5　創造活動・鑑賞活動

ことばの日常的使用を土台にして，自分の考えをまとめる力や決断する力，目標を定める力が養われていきます。それと同時に，子どもは様々な創造活動や鑑賞活動にふれ，次には自分自身でも行うようになります。私たちは，そのような活動によることばの広がりを期待しています。創造活動や鑑賞活動による感性の広がりがことばの広がりの基礎だと考えるからです。

絵本や紙芝居を読んでもらうこと，シアターを鑑賞することは，自分の経験を広げ，いろいろな考え方の幅を広げ，成長の可能性を広げていくことになります。お絵描きのときも一人でつぶやきながら頭のなかにイメージを膨らませていきます。うた遊びやことば遊び，お話作りや絵本作り，劇遊びをすることでことばのイメージを広げ，そのことによって生活に彩りを与え，ことばで生きる意味を考え，創造する力を伸ばしているのです。このような創造活動や鑑賞活動を通じて，子どもの生活を豊かにしていく手助けをすることも保育者の仕事として大切なことです。

かさ地蔵

やはり私が幼稚園の担任をしていた頃のこと，表現発表会を行う機会が年に数回ありました。発表の内容は，その年によって違い，子どもたちとお話を作り，また絵本のお話や歌の歌詞に沿って表現することもありました。表現発表会で大切なことは，日々の保育の延長線上にありながらも，発表会は，晴れがましい特別な機会であり，保育者も子どもとともに楽しみにすることができるということです。保育の意図は，「仲間と協力して，劇を作り上げる」ことなので，表現発表会は保護者も日々の保育の成果として子どもの成長が見られると期待を持って楽しみにしています。

ある冬の発表会に５歳児クラスで「かさ地蔵」の劇をすることになりました。ところが発表直前の練習で，お地蔵さんが寝ているおじいさんの頭の上に「おみやげ」を落としてしまいました。怒ったおじいさんは，お地蔵さんと取っ組み合いの喧嘩となり，最後は先生が仲裁に入り２人が泣きながら和解をするというという，全く違ったストーリーに展開してしまいました。普段から仲良しの２人だけに，仲間の見守るなかでの思い出深い劇となりました。子どもたちは自分のことで精一杯となり，自分を遠慮なく表現します。これが普通です。それでも，年長の５歳児ですから仲直りをして発表当日は，素敵な劇となりました。観客の保育者と保護者からは，経過を理解しているだけに，温かい拍手をいただきました。幼児の劇遊びは，保護者に見せるためや期待に答えるだけのショーであってはならないと思うのです。このような時に大切なのは，劇がうまくできたかどうかではなく，劇を基にして現れる子どもたちの表現したい気持ちや，自分たちの成長の姿を見てもらいたいという気持ちを大人が受け止め援助してあげることなのではないでしょうか。それは，保育者も保護者も同じ視点に立っていなくてはできないことだと思います。劇に縛られるのではなく，自分の好きなように自己表現をする普段の遊びの延長として，表現活動が行われることが必要です。

スイミーごっこ

新学期になって間もない４月の頃のこと，年長の５歳児クラスのなかに４～５人の仲良しグループができはじめて，遊びも活発になってきました。仲良しグループの男児が園庭でサッカーボールを蹴っていました。一人でブロック遊びをしていたＴくんがその様子を眺めていました。担任だった私が「Ｔくん，みんなと一緒にサッカーしないの？」と声掛けをすると「しない。ブロックで遊んでるんだもん。」と言いました。しばらくＴくんの様子を見ていると，ブロックやお絵かきなどの一人遊びをしながらお友達の様子を見ています。友達との遊びに興味を示しながら，自分の遊びを楽しんでいる様子でした。

その頃，読み聞かせの時間に，絵本『スイミー』（レオ・レオニ作，谷川俊太郎訳，好学社）を読みました。読みながらあることに私自身が気がつきました。『スイミー』は14場面で構成されています。そのなかで，半分の７場面を一人で海底を泳ぎ，自分の目で海の中の生き物を観察しています。ひとりでいることの意味を考える絵本だと思いました。その後，黒い魚スイミーは，新しい仲間と出会います。そのなかで自分が目になるという役割をとることになりました。一人になって自分を内省することができて初めて仲間との関係，仲間のなかでの自分の役割がとれることをこの絵本で知りました。私はＳくんも仲間と遊んでもらいたいと思いながらも，一人でいることにも大切な意味があると思い始めました。クラスみんなで『スイミー』の絵本を読んだことで，クラスのみんなを巻き込んでスイミーごっこをするようになりました。それは表現遊びに発展し，表現発表会では，T くんがスイミーをすることになりました。子どもたちはとても喜んで劇遊びを行い，他のクラスの仲間や先生や保護者に見せたい，見てもらいたいという思いが強くなってきました。

日々の保育と表現発表会は，日常の体験と非日常の体験の違いがあります。日常の体験の延長上に非日常の特別な表現発表会があります。子どもたちは，日常の生活や遊びから個々に様々な体験をして，感じ，感動し，思い，考えたことをまとめ，表し，やり直し，まとまった表現に至ると考えられます。個々の日常の体験や遊びが表現発表会の土台となります。発表会を準備するなかで出会った仲間と，ごっこ遊びに発展し，遊びを共有することの楽しさを知ります。物語の共通理解ができ，役割意識が芽生えると，みんなで作り上げる楽しさを感じるようになり，他者に評価してもらいたいという客観的視野も生まれてきます。そうこうしてようやく表現発表会になります。

逆に発表会の経験が日々の保育に反映されてくという側面もあります。表現の分野では，日常の連続のなかに，非日常の節目があることが特に大きな役割を果たしています。

日々のごっこ遊びから，役になりきり夢中で遊ぶ楽しさを知り，仲間の役割を理解し関係を理解していきます。その延長上にクラス全体の劇遊びがあることが大切です。子どもは，物語を理解し，自分や仲間の役割を理解したうえで，自発的に子どもが表現したいと思える動作やことばを表出し，さらに仲間と確認しながら劇を作り上げていくこととなります。

その後，日常に戻った T くんは，仲間と元気にボールを蹴って遊ぶようになりました。

3.6 小学校への架け橋

乳幼児期に，ことばを使うことの楽しさを味わい，ことばを使うことに意欲が持てるようになることが，小学校への架け橋となります。描く，話す，つくる，演じる，踊る，奏でる，うたう，書くなど，様々な表現の力を身につけることが，考える力を育てる土台となるからです。楽しさをバネとしてじっくりと物事に取り組む力が，小学生になってからの学校生活や学習に役立つのです。回り道のように見えますが，幼児期に楽しさを味わい，やる気を持てることが，学童期の活動にじっくり取り組む土台となるのです。

 子どもの表現をはぐくむ保育者とは

みなさん自身は，どんな子ども時代を過ごしたのでしょうか。絵を描くことが好きでしたか。描きながら自由な空想にふけっていた子ども時代を送りましたか。子どもの頃に，のびのびと絵を描いていた人でも，大人になってからは，型にはまった絵しか描けなくなるということがあります。大人の常識が邪魔をして，人の顔の目，鼻，口が定型的なありきたりの表現方法になってしまうのでしょう。

倉橋惣三は，保育者のことを「先生というものは古くなりやすい。停滞しやすい。固定しやすい。自分を自分の型に入れやすい」と，厳しく評しています。子どもは，大人とはかけ離れた存在と表現しています。保育に携わる大人は，子どもの革新性を受け入れるため，絶えず柔軟な心や感性を磨く努力を必要とすると述べています。荒井洌は，『倉橋惣三　保育へのロマン』の冒頭に「ロマンや夢の感じられない仕事など，力のはいるわけがありません。ましてや幼な子の保育のことです。倉橋のロマンをさかのぼりながら，われわれの保育へのロマンを，よりよく膨らませていこうではありませんか」と述べていますが，私はそのことばに励まされます。この小さな特別な時代にかかわる親や保育士，幼稚園教諭の皆さんや目指す皆さんが，保育を「仕事」としてとらえるだけでなく，「ロマンと夢を持った行い」としてくださることを心から希望します。

参考文献

荒井洌『倉橋惣三　保育へのロマン』フレーベル館　1997年
無籐隆監修『事例で学ぶ保育内容　領域　表現』萌文書林　2007年
秋田喜代美『保育のおもむき』ひかりのくに　2010年
大場牧夫『表現原論』萌文書林　2000年
レオ・レオニ『スイミー』好学社　1969年

第2章 乳児期のことばの発達

1 ことばの発達を見る上で大切なこと

1.1 人とのやりとりのなかで発達することば

ことばは，人とのやりとりのなかで発達していきます。人とのやりとりのなかで，子どもはことばの意味やことばの使い方を学びます。さらに学んだことばやその使い方を自分なりに解釈し，その上で自分に合った言い方を工夫して使います。ことばを使うことでことばの選択や使い方がよかったかどうか確かめ，今の使い方でよかったのだと思ったり解釈の仕方を修正したりします。

今述べたことは，主に理解や思考という知的な面についての話です。人とのやりとりには，他に情緒的・動機的側面があります。人とやりとりして安心し楽しむという側面です。この安心し楽しむことは大切です。安心しているから，人の言うことにじっくりと注意を向けたり気軽に自己表現したりできるのです。また，人の働きかけを楽しいと感じることで,「なんだろう」と思う探究心や「きっと楽しいだろう」と思う期待,「人の言うことやることを理解したい」と思う興味が現れてきます。そのような要求や興味があることで，子どもは，人の動作やことばに積極的に注意を向けことばを学習するようになります。

また，安心でき興味を持てる人に対して，自分の欲求を表現したい自分を分かってもらいたいという気持ちも育ち，自分の動作やことばで人に気持ちを伝えるようになります。動作やことばで気持ちを表現することが楽しめれば，人とのコミュニケーションが盛んになり，ことばの習得が促進されます。

1.2　ことばの発達にとって重要な情緒調節

さらに探究心や期待，興味の根底には，落ち着いたり喜びで興奮したりする情緒の変化と維持に関係する情緒調節があります。情緒調節は，ことばの発達にとってとても重要です。

例えば，落ち着きのない子は，ゆったりすることが苦手です。つまり「活発になる―ゆったりする」と「ゆったりさを維持する」という情緒調節がうまくいかない子ということです。そのような子は，人の話しを落ち着いてじっくり聞けませんから，ことばを身につけられずことばの発達が遅れがちになります。

情緒調節がうまくいくために，喜び方がとても重要な役割を果たしています。喜び方には，「固い喜び」，「活発な喜び」，「リラックスした喜び」の３種類があります。その喜び方が偏ると，情緒調節もうまくいきませんし，人への興味の持ち方も偏ってしまいます。

例えば，固い喜び方を示す子がいます。固い喜び方は，集中力を高め維持する働きがあります。しかし，そのような喜び方が強く現れ過ぎると，自分の好きなことに狭く集中してしまって，広く様々なことを学ぶことができなくなります。例えば，玩具ばかりに集中して，人に興味を示さないことも起こってきます。固い感じが続くと，人と一緒でもゆったりくつろいだ感じでつきあえません。また，注意が固定化して柔軟に物事を受け止められなくなり，「これでなければいけない」とこだわりが強くなってしまう場合もあります。そうなると，人のことばを受け容れて学ぶことができなかったり，自分なりの固定化した使い方しかできなくなったりします。

活発な喜び方は，子どもに活力を与えますが，多く現れすぎると，注意があっちこっちと移ってしまい，じっくり注意を向けたり，考えたりできなくなります。落ち着きがなくなり，人からことばを学習することが困難になります。

もう１つのリラックスした喜び方には，固さや落ち着きなさを和らげる働きがあり，ゆったりとした感じで，人との親密な関係を深めるのに役立ちます。

これら３つの喜び方がバランスよく現れることで，ことばの発達がうまく進みます。しかし今までのことばの発達の解説書は，ことばの理解やことばを使った思考という認知機能を中心とした説明になりがちでした。情緒の働きについては，あまり述べられてきませんでした。ですから，その面を補うために本書では，人とのやりとりで生じる情緒面の発達を重視しながら，ことばの発達を考えていきたいと思います。

生後半年間の人とのやりとりと情緒調節

2.1　新生児期の人とのやりとりと情緒調節

新生児は，眠っていることが多いのですが，空腹やオムツがぬれることで泣きます。この時期は，１日の中で定期的によく眠り元気よく泣くことが大切です。眠りという落ち着き状態と，泣きという活発状態を繰り返すことで，落ち着いたり活発になったりするという情緒調節が発達します。

活発に泣き落ち着いて眠るというサイクルを繰り返すうちに，活発に泣いた後に少し眠りますが，次第に目覚めている時間が増えてきます。泣きによる緊張や興奮が沈静した後に落ち着きやすくなり，落ち着いて覚醒し，まわりに注意を向ける状態が現れてくるのです。活発に泣くことも大切と言えます。

活発に泣けない赤ちゃんは，泣きの後もぼんやりした感じが続き，明確な覚醒が現れにくくなります。逆に強く泣き過ぎる赤ちゃんは，なかなか泣きやまず，泣きやんでも固い感じのまま眠ります。固い感じのために深く眠れなくて，泣きが現れやすくなります。

短い覚醒のときに，人が顔を近づけると顔を見ます。調子がよい時には，人が舌を出すしぐさをするとまねて舌を出すこともあります。ただ新生児期の初期では，覚醒していてもぼんやりした感じであることが多く，人の顔を見ている感じの時にも焦点が合っていないものです。不活発な覚醒状態です。

新生児期の後半，生後1ヵ月頃になると，このようなぼんやり状態もなくなってきて，眼の前の人やモノをいわゆるドングリ眼でジッと見詰めます。ただ，眼を離すことが気軽にはできません。見たくなくなっても見続けるという感じになりますので，強制的注視（Ruff & Rothbart, 1996）と呼びます。注意がうまくコントロールできない状態です。まだ覚醒がしっかり明確になっていない段階に現れます。催眠術をかけられたときのトランス状態に似ています。

生後1ヵ月を過ぎると次第に自分の好きな対象を見ることができるようになっていきます。強く泣いては落ち着くという緊張と沈静のサイクルを繰り返しながら，覚醒が明確になっていくのです。この覚醒の明確さが，人とのやりとりの基礎になります。

2.2　あやしかけを喜ぶ

生後1ヵ月を過ぎると，あやしてくれる人の顔を見て喜ぶようになります。赤ちゃんは，母親にあやされて次第に身体をもぞもぞさせて緊張を高めていき，アーとか，アグーといった声を発するようになります。

あやしかけの場面で緊張が高まったり，横を向いて落ち着いたりというサイクルが現れます。緊張が滑らかに変化するようになると快を感じられるようになり，緊張を高めながら喜びが現れてくると考えられます。

赤ちゃんが横を向くと，母親もあやしかけを休みます。そして赤ちゃんがこちらを見るようになったら，またあやしかけを始めます。赤ちゃんも再び喜びを示すようになります。このような赤ちゃんの喜んでは休むというサイクルに対して，母親もあやしかけては休むというサイクルを作ります。このリズムが合うことが良い人間関係を築いていく上で重要です。

さて，このころ，アグーといった声が出るようになると述べましたが，このころの声は口から出るのでなく，鼻から息が抜けて出ます。これをクーイングと言いますが，実はこのころ，空気は口を通過せずに，鼻を通じて流れます。チンパンジーやサルも同様に，口から息を吐きながら声を出すことができません。もともと口を使って喋ることができない構造になっているのです。

あやされて喜んで緊張しては落ち着くというサイクルを繰り返すことで，それまで以上に緊張と弛緩の変化がスムーズに現れるようになり，固さが高まる緊張が，動きが高まる興奮へと発展していきます。またあやしかけを喜ぶことで人への興味も高まります。ですから，あやしかけては休むというサイクルで赤ちゃんに働きかけることが重要です。

このころ，メリーゴーランドのような変化しない刺激で喜んでいると，緊張の変化が起こりにくくなり，固く喜ぶという傾向が続くようになってしまいます。喜びと落ち着きのサイクルができず，情緒調節がうまくできないことになります。

2.3　おはしゃぎ反応と抱っこでの落ち着き

生後3〜4ヵ月頃になると，赤ちゃんは手足をバタつかせながら喜ぶようになり，キャッキャッキャッと反復性の笑い声を発する「おはしゃぎ反応」を示すようになります。このような活発な反応は，人があやしかける前から現れます。ですから，大人からの働きかけを期待して現れると考えられます。

また，単にあやしかけられて喜ぶのではなさそうです。あやされていても，喜んではいぶかしげな表情を示します。この時あやしかけ続けていると，いぶかしげな表情が強くなって泣き出すことがあります。

このころの赤ちゃんは，実を言うと，抱っこを期待して喜んでいたのです。抱っこせずにいつまでもあやし続けていると，期待した抱っこをしてもらえないのかといぶかしげな表情になり，ついには泣いてしまうことになります。ですからこのころは，適度に抱っこしてあげましょう。あやしかけで興奮しては，抱っこで落ち着くというサイクルが，興奮と落ち着きの変化を作るために大切です。

寝ている時には，手足を盛んにバタつかせて興奮して喜んでいても，たて抱きに抱っこされると赤ちゃんはピタリと落ち着いてしまいます。興奮してもすぐに沈静できるということは，それだけ興奮から沈静への情緒のコントロールがうまくいっていることを示しています。興奮しやすく落ち着きがなさそうな赤ちゃんの場合，抱っこされてもしばらくはうれしそうにもぞもぞ動き，その後にようやく落ち着けるようになります。興奮したらすぐには落ち着けないのです。興奮が高まってもすぐに沈静できるようになることが，次の弛緩しながら喜ぶことにつながっていきます。

さてそもそも生後3～4ヵ月頃の赤ちゃんはなぜ抱っこを期待するようになるのでしょうか。それは，首のすわりと関係しています。このころ体幹を垂直に保ってあげると自力で頭をまっすぐ立てた状態を保てるようになってきます。いわゆる「首すわり」です。しかし，赤ちゃんは，自力で胴体を垂直に保つことが出来ませんので，大人に抱っこしてもらわなければなりません。ですから，抱っこしてもらいたいと思うのです。

抱っこされて，赤ちゃんが頭を起こすようになると，そのことが，胴体を起こすことにつながり，ひいては全身を垂直に保つことにつながっていきます。つまり自立につながっているのです。抱っこすることで，自立を助けているわけです。自分で胴体や頭をまっすぐに保っていられるようになれば，赤ちゃんは抱っこをそれほど求めなくなります。

念のために書きますと，赤ちゃんは2つの時期によく抱っこを求めます。1回目は，今説明している3～4ヵ月の時期，頭をまっすぐ立てたいと思って抱っこを求める時期です。2回目は，8～10ヵ月の母親への愛着が深まる時期です。この2回目の時期は，まさに「甘え」と関係しています。

また，興奮が高まったときに現れる反復性の笑い声は，ことばの発達の上で重要です。興奮して出る笑い声では，グーというクーイングの声が，ギャッとくずれて，ギャッギャッギャッと反復して現れるようになります。ギャッギャッギャッという笑い声には，ことばの発達の上で重要な2つの意味があります。1つは，声が分かれるようになるということです。常識的なことですが，ことばは，個々の分かれた音が結びついて出来上がります。例えば「りんご」ということばは「り・ん・ご」という3つの音節によって成り立っています。言葉が喋れるようになるためには，分かれた独立した音を出せることが基本的必要条件になります。この分かれた音というのが，まずは笑い声のなかに現れてくるのです。5〜6ヵ月のころには，落ち着いたときに喃語を発するようになりますが，まだ分節した音ではなく，つながった音で声を出します。分節した音は，反復喃語として，半年過ぎてから現れます。例えば「ママママママ」という声として現れてきます。その中には，「マ・マ・マ…」という形で分かれた音が含まれています。

もう1つは，笑い声の中に母音が含まれるようになるということです。声の中に母音が含まれることで，将来的にことばを形成する音節が生まれてきます。このような母音は，5〜6ヵ月のころの喃語にも含まれるようになります。ですからギャッギャッギャッと笑えるようになることは大切なことと言えます。

生後半年から1年までの人とのやりとりと情緒調節

3.1　リラックスした笑いの出現

先に書きましたが，興奮が高まっては落ち着くを繰り返すことで，弛緩しやすくなり，弛緩しながら喜ぶことが可能になってきます。生後半年を過ぎる頃，

リラックスした笑いの出現は，ことばの発達の上で非常に大切と考えられます。

リラックスした笑いは，生後6ヵ月頃に「いないいないばぁ」の働きかけによって現れてきます。生後6ヵ月前では，普通のあやしかけのようにいないいないばぁのパターンに関係なく，喜びが現れます。しかし，6ヵ月頃になると，いないいないばぁのパターンに応じて，笑いが現れてきます。「いないいない」の部分でジーと見て，「ばぁー」のところでリラックスしながら笑うようになってくるのです。ジーと見るときには緊張し，その後すぐにリラックスして笑うことになります。それだけ「緊張－弛緩」の情緒調節が容易になったことを示しています。

いないいないばぁ

3.2　弱弱強休のパターンの働きかけで喜ぶ

「いないいないばぁー」で喜ぶということは，赤ちゃんは「弱弱強休」という刺激のパターンに対応して喜べるようになってきたことを示しています。「いないいない」の部分が「弱弱」の部分で，「ばぁー」の部分が「強」の部分です。赤ちゃんは「弱弱」の部分で次に「強」が来ることを予期して緊張を高め，予期した「強」の刺激が与えられることで，予期のための緊張を解除し弛緩するのではないかと考えられます。

この「弱弱強休」というパターンは，母親からの働きかけの基本的構造となります。これで喜ぶようになると，大人の様々な働きかけを喜ぶようになるのです。例えば,「オツムテンテン」は,「オツム」と言いながら手を頭に持って行く部分が「弱弱」, そして「テンテン」と言いながら頭を叩いて見せる部分が「強」になります。「お手々, シャンシャン」も,「お手々」と言って両手を前に出すところが「弱弱」となり,「シャンシャン」と手を叩く部分が,「強」となります。

さらに「弱弱強休」というパターンは, 強を予期させては強という結果を示す働きかけと言えます。日常生活における様々な働きかけは,「予期させては働きかける」が基本となりますから,「弱弱強休」というパターンを喜ぶということは, 日常生活で人がやることを楽しむことにつながります。

例えば, ごはんを食べさせる場面を考えてみましょう。「さあ, ごはんですよ」と言いながらスプーンにごはんを乗せ,「アーン」と言って食べさせる, というパターンですが, 始めに弱い言葉かけや仕草で, ごはんを予期させ, そして食べさせるという結果が現れます。食べるということは赤ちゃんにとってインパクトがあるでしょうから,「強」の働きかけと考えてよいでしょう。このように赤ちゃんは,「弱弱強休」というパターンを楽しむことで, 日常生活で大人の様々な働きかけを楽しめるようになります。

3.3　単語を抽出する

「弱弱強休」というパターンの働きかけを楽しめるようになるということは, ことばの理解の上でも重要な意味を持ちます。ことばは, 様々な個別の音が結びついてできているだけでなく, 個別の単語が結びついてできています。つまり音のレベルで分節しているだけでなく, 単語のレベルでも分節しています。ですから, 人間のことばの大きな特徴は, 二重分節だと言われています。赤ちゃんは, 生後半年を過ぎるころには, 人のことばを聞いて,「弱弱強」といった微妙なアクセントやイントネーションの変化をとらえて, 大人の話しかけのなかに含まれる個々の単語を聞き分けています。大人が長々と喋る話を区切れのない音の流れでなく，個々の分離できる単語の集まりとして聞いているのです。

このような話を区切って聞き分ける認知の働きには，刺激をパターンとして楽しめるようになることが大きく影響していると考えられます。

3.4 リラックスした笑いと愛着の形成・共感関係

生後6ヵ月頃のリラックスした笑いは，予期した結果が現れることで，ホッとリラックスするときに現れます。ただし，予期したことが予期したように現れると，必ず安心を感じるかというとそうではありません。そのような状況で，リラックスした笑いが表現できることが重要です。喜びながらリラックスすること自体が，安心した状態と言えるのです。

このような安心感が人と結びつくことで，その人と一緒にいて安心を感じられるようになります。そのことから，安心を得るためにその人と一緒にいたいと思うようになります。それが愛着関係の基礎だと言えます。安心感を基礎とした愛着関係は，リラックスした喜びが現れることで形成される関係なのです。ですから，リラックスして喜ぶことが乏しい自閉的な子は，なかなか母親と愛着関係を築くことができないことになります。

人との関係で心地よくリラックスできるようになると，心にゆとりも出てきますし，身体もやわらかくなってきます。人と一緒にいてくつろいだ感じになることで，気兼ねなく自己表現ができるようになり，ことばを使う機会も増えます。さらに，くつろいだ気持ちになることで，人の微妙な感情も察知しやすくなり，大人が喜ぶと一緒に喜ぶという共感的な関係が深まってきます。

共感的な関係で大切なことは，一人で喜ぶよりも，人と一緒に喜んだ方がよけい楽しいと感じることです。そう感じると子どもは，何かうれしいことがあったとき，人に伝えて一緒に喜びたいと思うようになります。この気持ちが，情報交換，ことばのやりとりを促進する大きな要因となるのです。

3.5 リラックスした笑いと探索的興味

さらに結果を意識して喜ぶようになると，人が何かすると次に何か結果が現れると予期し，事の成り行きに注目し，予想通りの結果を得て喜べるようになってきます。このようなやりとりを繰り返すことで，赤ちゃんは，人のやることに対して何かを意図しているに違いない，それは何だろうと意図的に意味（結果）を探索するようになってきます。これを探索的興味と呼びます。探索的興味が現れてくると，人がいちいち教えなくても，赤ちゃんは，自分から人のやることや言うことに意味を見出そうと積極的に注意を向けるようになるのです。

例えば，人が指さしすれば，生後7～8ヵ月の赤ちゃんは積極的に何かあるのかなと探索します。そうして，指さしの先にある玩具（結果）を発見して，ホッと納得します。こうして指さしは，何かを指し示すために使われるということを理解するようになります。赤ちゃんが，母親の指さしを見て，その先にあるモノを見るようになると，三項関係が成立したと言われます。赤ちゃんが「自分・母親・モノ」という3つのものを意識できるようになったからです。また，それは共同注意とも呼ばれています。その状況では，母親と赤ちゃんが同じモノに一緒に注意を向けているからです。母親が示そうとするモノが何であるか分かることで，母親からの学習が飛躍的に伸びていくことになります。

言葉の理解についても，同じです。9～10ヵ月の赤ちゃんが大人のことばを聞くとき，単に発声しているのだと思って終わりになるのでなく，何かを示しているのかなと感じて「そのモノ」を理解しようとします。そこで，そのモノが分かると，ことばとモノの結びつきを速やかに学習することになります。例えば，母親が，「マンマ」と言うのに対しても，何か意味があるのかなと思って聞き，ご飯を見て，マンマはご飯をさし示しているのだと理解するわけです。探索的な心構えができることで，大人が，いちいち子どもにことばを教え込まなくても子どもの方から学ぼうとするようになるのです。

3.6 リラックスした笑いとやわらかい声

ことばが発達するためには，様々な音を出してそれらを組み合わせて発音することが必要です。様々な音が出せるためには，こまやかに柔軟に口が動くことが大切となります。そのためには，口や口の周辺，特に喉の部分がリラックスしてやわらかく動かなければなりません。喜ぶときに，リラックスした笑いが現れると，身体がリラックスしやすくなり，やわらかい身体の動きややわらかい声が現れやすくなります。

実際に，リラックスした笑いが現れるころに，機嫌がよい状態で，やわらかい感じの声・喃語が出てきます。生後5ヵ月頃のことです。さらに生後6ヵ月頃にハハハハ…という柔らかい反復性の声を出して喜ぶようになると，ババババ…とかマママ…といった反復した声・反復喃語を出すようになります。

3.7 出来事への興味と模倣

いないいないばぁを喜ぶことを出発点として，人間のやることや，いろいろな出来事への興味が発展してきます。いないいないばぁを喜ぶことで，ある事が起こって結果が出て終わるという物事の「起－結」を楽しむことになります。別のことばで言うと「出来事」を楽しむということになります。「何かしようとして，何かをする」「食事の準備をして，食事する」，「おもちゃを出しておもちゃで遊ぶ」「すべり台に登って，すべる」「ボールを投げて，友達が受け取る」等など，様々な出来事を楽しむことになり，興味が広がることになります。人の生活のなかで起こることを楽しみ，興味を持てば，それに関係することばを覚え使うことにもつながっていきます。

3.8　リラックスした笑いと意識の広がり・柔軟な心

心地よい感じでリラックスすると，心にゆとりが現れてきて，柔軟に物事を受け入れたり，広く物事を見ることができるようになります。先に述べた母親の指さしを見て，おもちゃを指していると分かるということは，母親の指さしとおもちゃを同時に意識できることを意味しています。また，りんごということばを聞いて，りんごを見る場合も，りんごということばと実物のりんごを同時に意識できなければ，ことばとモノとのつながりは理解できなくなります。

ですから，ことばを理解できるためには，ことばとことばが示すモノを同時に意識できるだけの意識の広がりが必要ということになります。このような意識の広がりを得るためにも，リラックスした喜びが大切となります。

一方，ことばを聞いたり使ったりする経験を繰り返していると，次第にことばを処理する能力が高まってきます。すると，たくさんのことばも簡単に処理することができるようになって，多くのことばを同時に意識できるようになり，多くのことばでできた文章を理解したり言ったりすることができるようになります。人と一緒にいて，ゆったりするということがことばの発達にとって重要なことなのです。

3.9　リラックスした笑いとまとまり感

いないいないばぁを見て，結果を意識して喜ぶようになると，「ここで終わった」という感覚が現れてきます。人の働きかけの終わりで一段落したという感じを持つわけですから，区切りを感じることになります。すると，役割交替ができるようになります。

模倣で言うと，生後8～10ヵ月ごろには，人の動作や声を楽しいと感じまねをするようになります。このころのまねは，大人と同時に赤ちゃんもやるという同時模倣です。母親が手を叩けば，同じように手を叩き，頭をテンテンと叩く動作をすると同じようにします。10ヵ月ごろにはいないいないばぁも同時にするようになってきます。

ある動作の区切りやまとまり感が出てくると，一つの区切りの後で今度は自分がやるようになります。例えば，母親がいないいないばぁをすると，赤ちゃんはそれをジッと見ています。母親が終わると，次に赤ちゃんがいないいないばぁをやり始めます。母親と赤ちゃんが交替していないいないばぁをするのです。母親が終わると，これで終わったと感じて次は自分がやるということになると考えられます。交互にまねし合うので，この活動を交替模倣と言います。また，主役が交替する面から見て，役割交替とも言います。

このころ文字通りのやりとりができるようになってきます。母親が「どうぞ」と言ってモノを差し出すと受け取り，「ちょうだい」と言ったらモノを渡すというやりとりができるようになります。母親がボールを転がすと受け取り，次に母親に向けてボールを転がすというやりとりもできるようになります。このようなやりとりは，会話の基礎になるやりとりです。

模倣について付け加えると，8〜10ヵ月頃の同時模倣，11ヵ月頃の交替模倣に続いて，1歳過ぎる頃には，覚えた動作やことばを後でやったり言ったりするといった遅延模倣が現れてきます。遅延模倣ができることで，本格的にことばが話せるようになっていきます。

3.10 リラックスした笑いと目標を目指したがんばり

結果を得られて喜ぶようになると，今度は結果を得るために頑張るようになります。自分が何かして人が反応すると，今度はわざと自分で何かして，人の反応を得ようとがんばるようになるのです。自分から結果を引き出そうとするわけです。この場合，結果は目標と言い換えてもよいでしょう。

例えば，生後10ヵ月頃のこと，たまたま赤ちゃんが「アー」と声を出したときに，周りの大人が「アレレ」と驚くと赤ちゃんは瞬時に「アー」の結果として「アレレ」が現れたのだと理解し，今度は，わざと「アー，アー，アー」と盛んに発声するようになり，人が「アレレ」と反応することを喜びます。

このように赤ちゃんは，生後8〜10ヵ月頃には目標に向かってがんばるようになるのです。他にも，イスに手を置いてなんとか立とうとがんばります。そうして，立てたときに微笑します。目的を達成してホッとした感じです。母親が「おいで」と誘うと，母親を目指してがんばって這っていきます。母親のもとにつくと，微笑しながら母親の膝の上に頭を置きます。

3.11　実験的探索と因果関係の理解

生後6ヵ頃の結果の意識から，7〜8ヵ月頃に，結果を探索する探索的興味が現れ，さらに，生後10ヵ月頃になると，「こうするとどうなるかな」「コレをするとどういう結果が得られるか」という行動に発展していきます。モノを持ち上げて手を離す。手を離すとどうなるかなという感じで，モノを落とすのです。これを実験的探索と呼びます。このような実験的な探索を行うことで，「手を離す」と「モノが落ちる」という因果関係をイメージから理解していきます。そのようなイメージ的理解が，ことばの理解の基礎となっていきます。

参考文献

Ruff, H.A. & M.K. Rothbart, *Attention in early development. Themes and variations*, Oxford University Press, 1996.

第3章 1～2歳児のことばの発達

1 1歳児の人とのやりとりと情緒調節

1.1 達成感と賞賛に対する喜び

生後1歳過ぎ頃から，高揚した気分が現れるようになり，達成感を示すようになってきます。このような高揚した喜びは，がんばって立てた時に現れます。このような高揚感は，目標達成した後もリラックスしないで，さらにがんばろうという気持ちの高まりが現れたことを示していると思われます。

目標を目指してがんばり，目標を達成したときに高揚して喜ぶようになってくると，その時に人にほめられても喜ぶようになります。ほめられることで，高揚感がよけい高まるとも考えられますし，ほめるときの親の喜びに共感して子どもも高揚して喜ぶとも考えられます。

このように大人にほめられて喜べるようになるためには，まず子ども自身が達成感を持つことが前提条件になります。子どもに何かさせてほめても，子ども自身が達成感を持っていなければ，大人がほめてもうれしくはないのです。ただし，達成感を感じているときにほめられて喜ぶ経験をしていると，達成感がないときにも，ほめられて喜べるようになってきます。また，大人の喜びに子どもが共感して喜べるようになってくると，ほめられること自体がうれしいこととなるのです。

さて，人にほめられて喜ぶようになることは，ことばの発達において重要な意味を持ちます。大人は，子どもがことばを話すと「よく言えたね」と評価しますから，子どもは喜んでことばを使うようになるのです。

1.2　ことばの基礎となるイメージ

ただことばを使うようになるのは，ほめられ評価されるからだけではなく，むしろことばを使うこと自体が楽しいからです。その問題について考えていきたいのですが，まずイメージの定着とその再現の問題について考えなければなりません。なぜならば，ことば理解の基礎にイメージがあるからです。例えば，りんごということばは，りんごと聞いたり思い浮かべたりするときに，りんごのイメージを頭に描くことで分かったと感じることができるのです。つまりことばの根底にことばに対応するイメージがあるからこそ，ことばが理解できたと感じるのです。

そもそも，ことばを理解する以前から赤ちゃんや幼児はイメージで理解します。母親が食事を持ってくるのを見て，そのイメージから母親が食事の準備をしていると理解します。実物を見て理解するわけです。しかし，このような食事場面を毎日繰り返すことで，食事場面で起きることが頭のなかにイメージとして記憶されるようになります。出来事の記憶は，エピソード記憶と言われています。エピソード記憶は，1回経験するだけで記憶できると言われていますが，赤ちゃんの場合は，記憶するために，同じ経験を何回か繰り返す必要があるようです。食事の場面や寝かしつけの場面，歌遊びの場面などを毎日繰り返すことで，決まりきったこととして経験を記憶していきます。

このような決まりきった経験の記憶をスクリプト記憶（定型的記憶）と呼びます（Farrar & Goodman, 1990）。このスクリプト記憶が蓄積されていくと，次第に1回経験しただけで記憶できるようになります。つまりエピソード記憶が容易になっていくのです。

ですから，乳児期や幼児期初期では，日常的に同じことを繰り返して，日頃の経験のイメージを記憶として定着させることが大切になります。しっかりと定着したイメージが存在することで，新しいことが覚えられるようになっていくからです。このような日常生活の安定性は，心の安定も生み出して記憶を促進することにもつながります。ところが，ストレスを感じると脳の海馬の働きが悪くなり，新しい知識や経験が記憶されにくくなってしまいます。

1.3　心地よさに基づく見立て遊び

日常生活のイメージが定着してくると，少しのキッカケでイメージを思い出せるようになってきます。日頃楽しく生活していると，生活のイメージを思い浮かべるだけでも，楽しい気分になります。思い出すだけでなく，動作でイメージを再現することも楽しいと感じますから，動作でイメージを再現するようになります。

例えば，スプーンを見ると，食事場面を思い出し，スプーンで食べるまねをします。食べるまねをすることで，食事場面の楽しさを再び味わうことになります。また，コップを見たらお茶を飲むまねをします。ある場面の一部分から全体をイメージして再現すると言えます。これを見立て遊びと言います。

この見立て遊びもことばの発達にとって重要です。見立て遊びをするということは，頭の中でイメージを思い浮かべていることを示しています。このことが，イメージ力を高めることにつながります。イメージ力が高まり，イメージでの理解が深まると，イメージとことばがうまく結びつき，ことばの理解も深まります（Mandler, 1992）。

さらに本物がなくても，似たものでイメージが描けるようになります。例えば，葉っぱを見て皿をイメージし，次にお料理の場面をイメージして遊べるようになります。木の枝を見て，おはしをイメージして，食事場面をイメージします。砂を見てご飯をイメージします。

１歳代の前半は，「人形に食べさせる」「自分が食べる」「掃除をする」というように単発的な見立て遊びをしますが，2歳近くになってくると，「コップにお茶を入れる」をしてから「お茶を飲む」，また，「野菜を皿に載せる」をしてから「食べる」というように行動がつながってきます。2歳を過ぎると，「料理を作り，テーブルに料理をのせ，食べる」という食事場面に応じた一連の動作をするようになってきます。

1.4 感動の共有と情報交換

1歳を過ぎる頃には，ことばを話し始めます。初めは一語文（談話）と言われる単語を一つ言うだけの話し方をします。このときにも，共感関係に基づいた「感動を共有したい」という気持ちが根底にあります。さきに大人と共感することで，一人で喜ぶよりも大人と一緒に喜ぶ方がよけい喜びが増える，ということを説明しました。そのように感動の喜びを増すために，1歳半頃の幼児はことばで感動を伝えるようになってきます。

例えば，車を見て「ブーブー」と言って大人に知らせます。「車が走っている。すごいな」や「車に乗りたいな」といった感動を大人に伝えるわけです。大人が「ブーブーが走っているね」と感動を込めて返事をすると，うんそうだそうだという感じで子どもの感動が増えることになります。小さいアリが歩いてい

感動の共有

るのを見て感動すると，「アリ，アリ」と言って大人に知らせます。このように感動を共有したいという気持ちがあって，自分の感動をことばで知らせるようになるのです。

名前が分からないものがあると，「これは？」とか「これは何？」と質問します。ことばを話して返事してもらうことが楽しいと感じると，知っていることばも聞くようになります。「これは？」と聞いて大人が「ぞうさん」と答えても，答えてもらうことが楽しくて，再び「これは？」と聞くというように繰り返し聞き続けることもあります。大人としては，「もう分かっているのになぜ聞くの」と思いますが，子どもはことばのやりとりが楽しくて聞くわけです。

1.5　１歳児のことばの発達

１歳の子どものことばの発達を簡単にまとめると，一語文から多語文への発達が見られます。１歳半頃には，「パパ」「かいしゃ」「きた」「バイバイ」などと１語文で言っていたのがつながって，「パパ，かいしゃ」と「ママ，きて」という２語文で話すようになります。さらに，１歳半過ぎの幼児が「パパ，かいしゃ」「かいしゃ，いった」などと２語文を気軽に話すようになると，２歳頃には「パパ，かいしゃ，いった」という形で３語文（多語文）を話すようになります。

ことばを容易に話せるようになると，ことばがつながるようになっていきます。容易に話せるようになるということは，ことばを話すための口や舌の筋肉がよく動くようになり，ことばを簡単に思い浮かべるようになったことを示しています。身体コントロールや情報処理が容易になり速くなったということです。この容易化によって，身体や頭脳に対する負担が軽減し，より多くの情報が処理できるようになります。このようにイメージとことばの結びつきやその想起が容易にできると，使えることばが増え，たくさんのことばを一度に使えるようになります。

日常的にことばを多く使うことで，容易に使えるようになることが，ことばが発達するためには重要なのです。ことばを多く使うためには，大人がいちいちことばを言わせなくても，子どもからことばを使いたい，ことばを使うと気持ちよいと思えるようにしていくことが大切です。今まで説明しましたように，リラックスして喜べるようにし，楽しい経験を増やし，人との愛着・共感関係を育てることが大切となります。

ことばの発達では，リラックスと喜びが重要ですから，子どものことばの発音や使い方がおかしい時でも，さりげなく言い直してあげることが大切です。もともと5歳になるまでは，正確に発音できない音もあるので，正確に発音できないことは普通のことだと思った方がいいでしょう。また，理解の限界もありますから，大人と違った理解をしているからといって，責めてもしかたのないことです。

例えば，「おちゃちゃな」と子どもが言ったとき，「それは違う。さかなと言うの」などと間違いを指摘するのではなく，「おさかなだね」と言ってあげればいいでしょう。間違った言い方をしても，話すのが好きで，たくさん話していれば将来的に間違いに気づいて自分で修正していきます。特に人の話を熱心に聞くようになれば，人の話から正しい話し方が分かってくるものです。

違いの指摘や注意が多いと，子どもは話すのが楽しくなくなり，あまり話さなくなってしまいます。このことが，ことばの遅れにつながる場合も出てきます。また，話すときに注意されていると，話すときに用心して緊張してしまいます。するとよけいうまく口が動かなくなったり，しっかりと考えられなくなったりして，うまく話せなくなってしまいます。ですから，リラックスしながら楽しく話せるようにすることが大切です。

1.6 自己主張とことば

1歳になって，達成感を感じるようになりますが，このことも，ことばの発達に重要な役割を果たします。達成感を感じることで，自分に対する自信が生まれてくるからです。子どもは，自信を持つと積極的に自己主張するようになります。自己主張とは，自分の気持ちの表現であり，自己表現のためのことばが育つことになります。

1歳の頃から，自己主張する子は，「いや」とか「だめ」と言って自分の気持ちを表現し始めます。また「もっと」とか「やって」「ほしい」，さらに「もういっかい」「もっとやって」という形で要求を表現します。また直接的な表現として「ちょうだい」と言います。もちろん始めは大人に教えてもらって言い始めるのですが，すぐに自分のことばとして頻繁に使うようになります。これらのことばに物が加わって「りんご，ちょうだい」などと言うようになります。

親としては，「もっと，もっと」と絵本読みや遊びを要求するので，しつこいと感じることもあるでしょうが，自信が増すと親に頼らず1人で遊べるようになったり，友達を意識して遊べるようになり，次第にしつこい要求は減っていきます。ですから，1歳代の時は，身体を使った遊びをして自信をつけることが大切です。こちらが演技で負けてあげると，素直にとても喜びます。

例えば，1歳半頃には，追いかけっこができるようになります。大人が子どもを捕まえようとして「マテマテ」と言うと，喜んで逃げて行きます。少し追いかけては，大人が止まって「ハーハー，まいった」などと言うと，大喜びです。人に勝ったという勝利感を感じるようになるのです。2歳頃になると，追いかけっこの時に自分から大人に近づいてきては，大人が捕まえようとするとサッと逃げて「ヤッタ」という感じで喜びを表します。わざわざ自分から危険なところに近づき，きわどいところで逃げるのです。危険を作って逃れるというスリルを味わうわけですが，自分から困難なことに挑戦する気持ちを作っているとも言えます。そういうたくましさを楽しい身体的遊びを通じて養うことが大切だと思います。

ちょうど1歳半頃には，他児とのもめごとが起きやすくなります。他児が面白そうな玩具を使っていたら，欲しいと思って取りに行くからです。1歳半までは，玩具を取られてもあ然とすることが多く，もめごとになりませんが，1歳半を過ぎると，自分のモノという意識が強まり，簡単には取られなくなります。つまり他児が取りにきても取られまいとして，取り合いっこを演じるようになります。このようなもめごとは，他児の意図を読むキッカケとなります。自分が遊んでいるところに他児が近づいて来たら，奪いにきたのではないかと人の気持ちを予測しながら警戒するからです。また，玩具を取ろうとするときにも，相手が強い子かどうかをよく見るようになります。

こういう他児とのもめごとが起こるときに，たくましく立ち向かえることも大切ではないかと考えます。1歳代では，まだことばを使って紛争処理をすることは困難で，叩いたり，押したり，噛んだり，つかんだり，といった直接行動に出ることが多いのですが，このようなもめごとから，人の様子もよく見るようになり，どうしたら良いかも考えるようになるわけです。このことが，将来的にことばを使って解決するという方向へ発展していきます。

また，人を自分とは違う思いを持った主体者として捉える見方ができるようになることで，「パパ，かいしゃ」とか「ちーちゃん，たべてる」といった主語のついた文が促進されると考えられます。

1.7　アクセントのある出来事を楽しむ

生後6ヵ月頃にいないいないばぁといった「弱弱強休」のパターンを喜ぶようになると説明しましたが，その楽しさが1歳代にも引き継がれ，何かがあって最後にアクセントのある刺激（動作）で終わる出来事を楽しみます。例えば，「いないいないばぁ」の絵本を喜んで聞きます。自分が何かして人がズッコケる（アクセントのある動作）と喜びます。自分がテーブルを叩いて人が驚くのを喜びます。

絵本を読んであげるにしても，「これは…**ライオン！**」とアクセントをつけて読んであげると喜んで聞きます。「これは…」と伸ばしても，アクセントのあることばを期待して待てるようになれば，集中力が養われます。落ち着きのない子でも，このように期待させながら読んであげると集中力が養われます。

 2歳児の人とのやりとりと情緒調節

2.1　やったことを見てもらいたがる

1歳になって達成感を感じ，ほめられて喜ぶようになると，1歳半には，何をするとほめられるのかが分かり，ほめられることをするようになってきます。しかし，自分にはこれだけのことができるという意識とともに，2歳頃には，自分で自分を評価するような感じになってきます。自分でたいしたことをしたものだと感じるようです。そう感じた上で，そのたいしたことを大人と一緒に感動したいという気持ちから，「みて，みて」という言葉が現れてきます。

例えば，小山やスベリ台，ジャングルジムに登ったときに，「みて，みて」と大人にほめてもらおうとします。これは，大人にほめてもらう前に，すでに「自分はすごいことをした」という誇りに似た気持ちを持っていることを示しています。大人には，たいしたことをしたということを確認してもらいたいわけです。すると大人は，「高いところに登ったね。偉いね」などとほめることになりますが，そのようなことばかけが「自分は，何々をした」という意識を高めていき，「自分は，何々する」ということばの表現につながっていくのではないかと思われます。

また，自分のやったことを見てもらって，一緒に喜び合うということは，1歳半頃に現れてきた感動の共有の発展と考えられます。1歳半では「自分が，見たり聞いたりした今の感動」を共有していましたが，2歳になると「自分がやったことの今の感動」を共有していることになります。このような感動の共有がさらに，過去の感動の共有につながっていきます。

2.2 過去の出来事で共感する

2歳を過ぎた頃には，過去に自分が経験したことを母親に報告して，感動を共有するようになってきます。例えば，保育園で友達とブランコをして楽しく遊んだとします。すると，保育園から家に戻ってきたときに，「たけちゃんと，ブランコしたよ」などと報告します。それに対して母親が「ブランコ，一緒にやったの。よかったね」などと感動してあげると，子どもも過去の楽しかった経験がよみがえり，楽しさを改めて感じることになります。

このように過去の感動経験を語ることで大人と共感し，楽しいと感じることで，ますます自分の過去の経験を語るようになってきます。このような自分の経験をことばで語ることが，ことばの発達を促します。自分の経験の「様子をそのままに説明する」ことを叙述と言います。自閉的な子は，要求表現はあっても，自分の経験を説明することはないと言われています。これは，人と感動を共感し合うことがないからと考えられます。共感するだけでなく，共感したいと思うことで，共感するために自分を語るという行為が現れてきます。それが，ことばを自発的に使う機会を増し，ことばの発達を促すことになります。

思い出を語るということは，別の意味でも重要です。それは，過去を語ることで，過去の経験を思い出すということです。思い出すことで記憶力が養われ，イメージ力もついてきます。例えば，ブランコで遊んだことを語るときには，ブランコに乗って遊んでいる情景（イメージ）を頭に描きながら語ることになります。語ることばよりも，イメージを思い浮かべることの方が，幼児期には重要と言えます。なぜならば，ことばの基礎にイメージがありますから，そのイメージをまずは明確に思い浮かべられるようにすることが大切だからです。

しかし，ことばは聞くことができますが，子どもが思い浮かべているイメージは見ることができません。しかも，私たちは，ことばの発達に関心を持っていますから，いかにうまくことばを発するかということに注意が向けられてしまいます。幼児期は，イメージを明確に思い浮かべることができるようにし，そのイメージにことばを結びつけていくことが大切です。ですから，大人は，ことばを使って子どもと会話をするわけですが，できるだけイメージを豊かに明確に描けるようにことばかけすることが大切と思われます。例えば，子どもが「ブランコで遊んだ」と言えば，「保育園のブランコだね。たけし君と一緒だったの？」などと声かけしながら，子どもがブランコで遊んだ情景を鮮明に思い浮かべるようにしていくことが大切です。

幼児に絵本が必要なのは，まだことばからイメージを作り出す力が弱いからです。そのために絵によってイメージが描けるように補助しているのです。イメージを思い描くと言っても，最初のころは，実物を見て，そのイメージを記憶したり，経験し記憶されたイメージを思い浮かべたりする作業が中心となります。そのような経験に基づいたイメージが明確に思い描けるようになり，しかも豊富になってくると，自分なりに新たなイメージを作り出したり，ことばだけから，ことばに応じたイメージを作りだしたりするようになるのです。それは，5歳から6歳頃のことではないかと思われます。

2.3　モノの性質を共感する

ことばの理解は，主に名詞から始まります。ことばを聞くと，それを名詞として聞く傾向があります。ワンワンと聞けば，イヌが鳴いていることよりも，イヌを示していると理解します。2歳頃になってくると，形容詞や副詞を使うようになってきます。形容詞では「おおきい」「ちいさい」「おおい」「すくない」「おいしい」「あかい」「あつい」などです。副詞では，「はやく」「ゆっくり」「もっと」などです。これらは，客観的な描写表現というよりは，感動表現と言っていいでしょう。大きい車を見て「おおきい」と感動し，大人と共感し合います。「おいしい」も，食事場面で感動を共感し合う形で言います。2歳半頃には「おもい」とか「たかい」「ながい」なども言うようになります。さらにその頃には，2つのモノの性質を比較するようになります。例えば「こっちはいっぱい，あっちはすくない」などです。

そうなると，共感という気持ちとともに，優越感が現れてきます。例えば，小さい子と背較べして「ちーちゃん，たかい」などと言いますが，たいしたものだろうという気持ちが込められているのです。優越感からさらに，3歳頃には，競争心が現れてきます。散歩に出かけて，園に戻るとき，一番最初にもどるように早足になり，一番になって「いちばん」と言ったりします。1つの感動から，優越感や競争心が生まれてきますが，このような意識が，モノの性質の理解を深めるだけでなく，同一性や差異，比較，順序性の理解も深めていきます。

2.4 見立て遊び

1歳のときには，1つの動作の見立てを単発的に行っていたのが，2歳になると母親に助けられながら，1つの活動を連続的に見立てる遊びをするようになってきます。例えば，ホットケーキ作りという活動で，ホットケーキの生地をフライパンにいれて焼き，皿に移して，蜂蜜をかけて食べるという一連の作業をつなげて行うのです。ただその途中，次にやることが分からなくなったり，順序を間違えたりするので，大人が「つぎは焼くのだよ」とか「蜂蜜をかけるのだよ」といろいろヒントを言うことになります。

2歳の頃の見立て遊びのもう1つの特徴は，人形や母親が意志を持つようになることです。例えば，2歳後半になると，子ども役の人形が「お腹，空いた」と言ったり，「もっと砂糖入れて」など言ったりして主体性を発揮するようになるのです。それに対して，子どもが「もうすぐできるから，我慢しなさい」とか「砂糖が多すぎるとダメ」と答えます。一人芝居をやることになります。子どもが，頭の中で複数の役割を意識して見立て遊びをしているということです。人の気持ちも考えているということになります。このような見立て遊びを繰り返すことで，人との会話の基礎が作られていきます。

2.5 「今ここ」にとらわれる

2歳の子どもは，理解力が増えてきますが，基本的には「今ここ」の世界にいると言っていいでしょう。「外に行くよ」と言われて，外に行くイメージを描きはしますが，玄関に来て靴を見ると，今見える靴にこだわってしまいます。そして「この靴嫌だ」などとごねることがあります。外に行くことは頭の中になく，眼に見える靴にこだわるのです。電車に乗って「もうすぐ降りるよ」と言っても，母親の腕にぶら下がって揺らされるのを楽しんでいます。今ある揺れに心を奪われていて，他のことが考えられないと言っていいでしょう。

この時期は，気持ちを落ち着けてイメージを描くということが大切です。これからのことをイメージすることで，自分の行動の方向づけができていきますが，さらに，イメージを描くことで，将来したいことをことばで言うことができるようになっていきます。

参考文献

Farrar, M.J. & C.S. Goodman, Developmental differences in the relation between scripts and episodic memory: Do they exist? In Fivush, R. & J.A. Hudson (eds.), *Knowing and remembering in young children*, Cambridge University Press, 1990.

Mandler, J. M., “How to build a baby: II. Conceptual primitives,” *Psychological Review*. 99: 587-604, 1992.

第4章 3～6歳児のことばの発達

 3歳児の人とのやりとりと情緒調節

1.1 理由を述べる

2歳半頃から，「～から」という接続助詞を使って文と文をつなげられるようになってきます。正確に言うと，主語と述語の成分がある節が2つ以上つながるようになります。1語から始まり，2語，3語と，単語がつながって複雑な文を言えるようになってきたのが，この段階からは，1文が2文，3文というように文（節）がつながるようになり，複雑さが増してくるようになります。

もちろん単につなげるだけでなく，因果関係，前後関係的につながっていきます。つまり，原因・結果や理由・要望というつながりでことばを言うようになります。例えば「お腹がすいたから，ご飯食べる」という主張があります。丁寧に言うと「私は（主部），お腹がすいた（述部）」という節と「私は（主部），ご飯を食べる（述部）」という節が結びついた文と考えられます。前の節を従属節と言い，後の本当に言いたい節を主節と言います。全体として，従属節がついた文ということで，従属文と呼びます。複数の節がつながった文ということで，複文と言う場合もあります。ちなみに，「ぞうは歩き，キリンは走った」というように似た節がつながる場合は，重文と呼びます。

このような従属文が言えるようになるということは，日頃ことばを使うことで，次第にことばを気軽に言えるようになり，たくさんのことばをつなげた文も言えるようになるということです。ですから，ことばを話すことが楽しくてたくさん話をすることが，ことばの発達のためには大切なことです。

さて，3歳頃の理由の言い方は，直線的と言えます。「ほしいから，それちょうだい」のように前の理由からまっすぐ伸びて要求が現れています。そのために，柔軟に変化させることが難しくなります。4歳頃になると，「〜だけど〜だ」が言えるようになります。例えば，「お腹空いたけど，我慢する」と言えるようになります。お腹が空いたけれども，時間が早いから我慢する，とか，食事の準備ができていないから我慢する，と考えられるようになるのです。このような言明は，「オレ線型」と言えます。「お腹空いたから，食べたい」と直線的に進むのではなく，「お腹すいたけど，我慢する」というように要求が途中で折れて別な方向に行くからです。

3歳の「お腹が空いたから，ご飯食べる」には，2つの節が含まれています。4歳の「お腹空いたけど，ご飯を我慢する」も似たような構造ですが，実は3つの節が含まれているのです。先の文は，例えば「お腹すいたけど，時間が早いから，ご飯を我慢する」というように奥底には3つの節が含まれているのです。それだけ多くの情報を考慮しているということです。その結果，状況に柔軟に対応できるようになるのです。4歳児は，3歳児以上に他児のことを考えて行動でき，聞き分けもよくなるのです。

1.2 役割意識

3歳児は，ままごと遊びで，母親役や赤ちゃん役などを演じることができるようになります。役割を意識して行動できるようになるということです。ですから，みんなにお菓子を配る役といった係活動もできるようになってきますし，鬼ごっこで，鬼役をやれるようになるのです。

役割行動の萌芽は，生後11ヵ月頃の交替して遊ぶ「いないいないばぁ」や，1歳過ぎの見立て遊びに見られます。見立て遊びが，ママゴトに発展してくるのです。

ことばの発達の面から考えると，役割意識が出てくるということは，「やる人」「やってもらう人」を区別して考えられるようになるということで，能動態と受動態の理解に関係していると考えられます。もっとも「やった」「やられた」は，対立や利害関係のなかでも生じてきますが，その状況ではゆとりがないためにやられても「Aちゃんが，やった」という形になってしまいます。やはり，能動的な行為や受動的な影響をきちんと理解するためには，落ち着いた時の理解が大切となります。落ち着きながら，自分が主人公になっている感じや世話をしてもらう感じを持つのは，普段の役割行動のなかでのことだと思われます。受け身形は，3歳頃から使い始め，5歳頃にはその意味を理解するようになってきます。

1.3　競争心と自己中心性

2歳半頃のモノの比較から3歳の競争心へと，よい状態を求める気持ちが発達してきます。3歳頃はまだ自分の楽しさを追求する時期であり，「イチバン」になりたいという気持ちが強まります。自己主張が盛んになるわけですが，このことが会話のなかでの自分の立場の主張となります。「〜したい」という主張や「〜が欲しい」「〜は自分のものだ」という主張は，初めは自分勝手なところから出発し，あまり会話の形にはなりませんが，それでも，相手の主張に対する応答であると考えられます。例えば，友達とモノの取り合いをする時，「Aちゃんが先に使っていたんだよ」と言われて，「Aちゃんはいらないと言っている」などとありもしないことを言ったり，追いかけっこで捕まった時にも，「タイムしてたから，鬼にならない」などと勝手なルールを言ったりします。それらは自分勝手ですが，言い返しを行っているわけですから、議論の始まりと言ってよいでしょう。

4歳頃になると，もっと相手の言うことも考慮した自己主張ができるようになってきます。例えば「なんでAちゃんは嫌なんだろう」と，考えるようになってきます。5歳になると，みんなが受け容れられるような意見を言えるようになってきます。まずは，自己主張を起点として，次第に人の言うことも受け容れて，会話ができていくということです。自己主張を通じて，分かってもらうためには，どう言ったらよいかを学んでいくのです。人に分かってもらうことが自分にとって気持ちよいことだと感じるようになることで，人に分かってもらおうと考えるようになります。ですから，勝手なことを言っていても，その主張を汲みながら，他の人のことも考えるし，そのためには，友達との共感関係が重要です。もっと気持ちよいと思えるようにしていくことが大切だと思います。

1.4 友達との共感

友達との共感関係はどう発達するのでしょうか。1歳半頃になると大人に現在の感動の伝達をし，2歳頃になると過去の感動の伝達ができるようになります。それらは，共感することが楽しいと感じることで，人と一緒に感動したくなり，自分の感動を伝えたくなるからです。そして，3歳になる頃には，友達との共感関係が現れてきます。例えば，おいしいイチゴを食べて，みんなで「おいしいね」と言い合ったり，きれいな花を見つけて「きれいね」と言い合ったりするようになります。自分が楽しみたいと思う時は自己中心的になる3歳児も，ゆったりした場面では，他児と心の交流を行うことができるのです。

このような友達と共感し合いたいという気持ちが，友達との情報交換を促します。例えば，「あの木にセミがいたぞ」と教え合ったり，アリの穴を見つけたので一緒に見に行こうという行為になります。盛んに自分の思ったこと感じたことを友達に言うようになるわけです。このことが子どもの会話力を伸ばす基礎となります。

 4〜6 歳児の人とのやりとりと情緒調節

2.1　ルールを守る

4 歳頃になると，一人で楽しむよりは，みんなと楽しむと自分も楽しいと感じることが増え，みんなと楽しむためにルールを受け入れようという気持ちが出てきます。「自分勝手ではいけないでしょ」という大人の声かけを実感するようになってきます。3 歳ぐらいでは，勝手に好きなことを主張するか，大人の強さに負けてしぶしぶ受け容れるのですが，4 歳ぐらいになると，人も楽しむことが大切だということを理屈で理解できるようになります。

みんなで楽しむためにルールを守るようになりますが，ことばの面から考えると，条件文を理解し言えるようになることが重要です。条件文とは，「こういう条件の時にはこうする」という内容の文です。3 歳頃から，「雨の時は，カサをさす」「散歩のときには手をつなぐ」というように，条件文を言えるようになってきます。ただ 3 歳ではまだ単発的に条件文が言えるようになってきたというだけで，複数の条件を考慮することは難しいと言えます。4 歳ぐらいになって，2 つ 3 つの条件をおぼろげながら意識できるようになってきます。例えば，「鬼にタッチされたら，鬼になる」「自分が鬼でタッチしたら，鬼でなくなる」といった具合に理解できるようになり，簡単なルールを理解し受け容れられるようになります。5 歳ぐらいになると，明確に複数の条件を同時に意識できるようになってきます。例えば，遠足で「雨の時は園に集合し，曇りの時は園に電話し，晴れの時は駅に集合する」といった理解ができて，言えるようにもなってきます。

このように様々な条件の違いに応じて，違ったことができることがルールを守る上で大切になります。さらに 6 歳頃になると，仮定文が言えるようになってきます。これは，それだけ想像力がたくましくなってきたことを示しています。例えば，「もし月に行けたら，地球を見てみたい」とか「もしぼくがママ

だったら，そんなことしない」といったことが言えるようになるのです。夢が膨らむことになります。

楽しく遊ぶためにルールを守る意識が出てくると，そのルールを守らない子に対して「ずるい」と言うようになってきます。正義感の表れと考えられます。例えば，昼食のために手洗いをする時，みんなが列を作って並んでいるのに，途中から割り込もうとする子がいたら「ずるい」と言うようになります。

ただ，4歳では，ルールを守る意識が出てはきますが，ルールを作り変えて遊びを楽しいものにしようとまでは考えません。遊びが面白くなければその遊びを止めてしまうのです。例えば，友達を乗せてトロッコ車を全力で押して走らせる遊びの場合，全力で押すことがルールになるのですが，どうしてもカーブでは勢いがつきすぎてトロッコ車がひっくり返ってしまいます。そうなると，面白くないから「やめた」になってしまいます。

5歳になると，ルールを守って遊びが面白くないと，みんなで相談してルールを変えようとします。もっと遊びを面白くするためにルールを作ったり，ルールを変えたりすることができるようになるのです。そこで，相談するためのことばが発達してきます。「みんな，聞いて」とか「どうしたらいいか，相談しよう」「～はどう思う」といった感じのことばを話せるようになるのです。先の遊びの例で言うと，「カーブを曲がるときは，スピードを落とそう」と考えます。

4歳児の場合は，自分たちだけで相談することは難しいのですが，大人が中に入れば相談ができます。小さい子が鬼になってみんなを捕まえることができなくて，鬼ごっこがつまらなくなったとき，先生が「どうしたらいいと思う？」と子どもたちに質問を投げかけると，「うーん」と考え始めます。「小さい子をつかまえない」とか「大きい子が代わりになる」といった意見が出されます。

4歳の子には，大人が司会となって「どうしたらいいと思う？」と問いかけて相談の場を作ることが，非常に重要です。子どもたちは相談によって問題点を見つけ，その問題を解決する力を身につけていきます。このような働きかけが，5歳になって自分たちで相談して問題を解決する力を養います。さらに小学校に入ってからの自分で考える力のもとにもなります。

2.2　協力と相談，計画性

3歳児は，自分が楽しいことをするという自己中心的なところがありますが，ゆったりしたときには，みんなと共感し合えます。4歳になると自分が楽しむこととみんなが楽しむことが一体であると感じるようになり，みんなが楽しめるようにルールを守るようになってきます。そのなかで，正義感や相談する力が養われます。5歳になると，みんなが楽しめることを目的として考えられるようになります。つまり，「〜のためには，〜をしたらいいか」と考えるようになります。個人的には，お絵描きをするときに「お絵描きするには，紙や鉛筆，クレヨンを用意しなければ」と活動のための準備ができるようになります。外に遊びに行くときにも，何をして遊ぶか考え，そのために必要なものを持っていこうとします。

このような目的を実現するための準備行動は，友達と遊ぶときにも現れます。砂遊びをするときに，スコップやバケツを用意します。そしてみんなでダムや川を作るというように，みんなで1つのものを作り上げるという意識が生まれてきます。グループ意識と言ってもいいでしょう。そのための任務分担もするようになります。「お前は，川をつくれ，僕は山を作る」といった感じです。そして，目指すものができたときみんなで喜び合います。グループとして達成感を感じるようになるのです。

このことから，グループ対抗の遊びもできるようになってきます。グループ対抗で，陣取り合戦をして，自分のグループ（チーム）が勝ってみんな一緒に喜び合えるようになります。

また，みんなのためにがんばるという意識が出てくると，多少つらいこともみんなのためにやるようになってきます。もともと忍耐は，楽しい目標があってこそ発揮されることです。幼児期は特にそうです。やみくもに我慢する心を育てるというのでなく，本人が先の楽しみのために今我慢するのだという意識を持てるようにすることが大切です。4歳頃には，自分の楽しみのために一時的に我慢できるようになりますが，5歳頃には，みんなの楽しい目標を達成するために我慢してがんばれるようになります。例えば，砂場遊びのために，水道から水を運んでくることもします。みんなから離れて1人重い水をバケツで運ぶ，という大変な仕事も引き受けてやるようになるのです。

2.3　欠けた点に気づく

5歳頃は，さらに何か足りないものに気づけるようになってきます。例えば，砂場遊びをしていて，スコップがあるといいとか，クマデがあるといいとか，今ないものに気づきます。これは，目的を目指して計画的に必要なものを用意する気持ちと関係しています。「～のために～が必要だ」と考えて用意するようになると，「今，～が必要だ」ということも分かってくるでしょう。

このことは，積極的に自分の仕事を見つけることにも関連しています。みんなが山を作っているから，自分は川を作ろう，と自発的に必要な仕事に気づきやるようになるのです。廊下が水で濡れていると，雑巾を持ってきて自分で拭くようなこともします。ウサギが一匹でいるのを見ると，寂しそうだからと世話をします。5歳児は，よく気づくようになったと感じられる年頃です。

2.4　物語を楽しむ

今まで見てきましたが，みんながそれぞれの役割を持ちながら1つの目的のためにがんばるという活動は，いろいろな登場人物が出てきて，あることを達成するために活躍する物語の理解を促すと考えられます。「～すると，～となる」「～するために，～する」を意識してできるようになると，物語の筋の流れも理解し楽しめるようになります。

1歳半頃は，「いないいないばぁ」のように最後に大きな変化が起こる出来事を楽しんでいたのが，2〜3歳頃には，登場人物が，うまくやったり，勝ったり，逆にズッコケたりする簡単な物語を好むようになり，さらに，4歳頃には，何か困難・揉め事・誤解があっても最後に仲良くなれるといった筋を楽しむようになります。5歳頃には，いろいろな登場人物が協力したり反発したりして，最後に何かをやりとげるような話を楽しむようになります。

このような物語の楽しさや筋の理解は，日常生活での人との交わりのなかで養われていきます。その点からも，ことば・物語の理解や感動は，日常的に何に感動し，何を理解しているかにかかっていると言えます。そういう意味から，喜び方や感じ方，人間関係のあり方が，ことばの発達のためには大切なことだと言えるでしょう。単にことばだけを理解し，使えるようにする働きかけだけでなく，子どもの気持ちや生活全体を考えていくような働きかけが大切です。

2.5　ことばの意識化

ことばを子どもの心の育ち，人間関係から見ていく必要があると述べましたが，ことば自体が持っている面白さを感じることも大切です。ただ，自分で面白さを感じることが大切ですが，ことばの面白さに触れる機会は作っていった方がよいでしょう。

1つは，ことばの音声としての面白さです。「てんてんてんまり」「とんとんとんびがとんでった」「ピョンピョンピョンピョンカエルとぶ」といったことばのリズミカルな側面に気づくことは，音韻意識を育てる上で重要です。同じ音の組み合わせを繰り返すことで，楽しいリズムができます。このような繰り返しを楽しむと，次には，同じ音の組み合わせが離れた位置で繰り返されることを楽しめるようになります。例えば，「お母さんが来る。お父さんが来る。お兄さんが来る。イヌのポチが来る。」というように「来る」という同じことばを繰り返して楽しむことがあります。いわゆる韻を踏んで文を言います。ダジャレも似たような音を楽しむ遊びとなります。「カラスがガラスにぶつかった」「土管にドカーンとぶつかった」などです。このように音を楽しむことで音韻意識を高めることができます。

音韻意識を高める遊びで有名なのは，しりとり遊びです。4，5歳になるとできるようになります。大人が子どもに知らないことばを言ってあげて，知っていることばの数を増やすということもできます。音韻意識が高まると，文字を覚えるのが容易になります。

もう1つは，ことばの意味から見た面白さです。2歳頃に「同じ」が分かってくると，「これも時計，あれも時計」などと同じものを見つけて楽しむことがあります。その後「反対ことば」を楽しみます。「大きいリンゴ，小さいリンゴ」とか「高いビル，低い家」「上，下」「右，左」と対比して話すことに興味を示します。仲間集めということば遊びもあります。「赤いものは」というテーマで，「トマト，リンゴ，赤鉛筆…」のように赤いモノを集める遊びです。さらに，「四足の動物」とか「果物」といった特定の概念に含まれるモノをあげる遊びもあります。簡単ななぞなぞ，クイズも子どもが喜ぶ遊びです。このようないわゆる知的な遊びを楽しむことで，ことばの理解や使い方を深めることができます。

3 まとめ：ことばの発達を支えるもの

3.1　人と楽しむ

ことばが育つためには，情緒調節ができることが大切です。嫌なことがあって活発に泣いても落ち着く，人に集中して固く喜んでも落ち着く，人に期待して活発に喜んでも落ち着くことを繰り返しながら，働きかけの結果をリラックスしながら喜べるようになることです。楽しい気分が気持ちを活性化させて，ことばを受け容れる心をつくります。それと同時に人の働きかけで喜べるようになることで，人への興味や期待を持てるようになります。このことが，人のやることや言うことへの興味につながり，人からことばを吸収し学ぶ活動を活発化します。生後半年の段階で，人から積極的にことばを学ぼうとし，また人に対して積極的に自己表現しようとする心が育っていることが大切です。

3.2　人のもとでくつろぐ

生後6ヵ月頃に，弱弱強休のパターンの働きかけでリラックスした喜びを示せるようになります。リラックスした喜びによって安心を感じられるようになり，人との親密な関係，愛着関係，共感関係が築かれます。人のそばでゆったりした感じになると，長く一緒にいたいと思うようになり，人と一緒にいることで，人からの様々な情報を受け容れられるようになります。さらにリラックスして喜べるようになると，身体がやわらかくなり，やわらかい声も出るようになって，動作や声の模倣が現れてきます。

1歳になる頃には，人のもとでくつろげるようになることが大切です。

3.3　感動の共有

人のもとでゆったりすることで，共感関係が生まれてきます。すると，何か感動することがあると，それを人に伝えて一緒に感動を分かち合いたいという気持ちになります。感動を伝え共有する活動が情報交換を楽しむことにつながり，ことばのやりとりを促進させます。1歳半には今感動していることを伝えるようになります。2歳には，見えない感動や過去の感動を伝えるようになります。3歳になると，友達同士で共感し合えるようになり，友達の間での情報交換が盛んになります。友達と一緒に楽しむことが，4歳になるとルールを守る意識へと発展します。さらに5歳には，みんなで1つの目標のために頑張れるようになり，組織的な遊びをするためのことばのやりとりも発展してきます。ですから，人のもとで安心し，共感関係を築くことが，ことばの発達のためにはとても大切なことだと言えます。

3.4 自信と自己主張

弱弱強休のパターンを喜ぶことで，結果を楽しめるようになります。そこから結果を引き出すという目標に向かって頑張る気持ちが現れてきます。そこからさらに，1歳頃になると目標を達成して喜ぶという達成感が育ってきます。達成感を持つことで，人の賞賛を喜ぶようになり，人がほめてくれることを進んでやるようになります。そのことがことばを話す活動を促します。また達成感によって自信を持てるようになり，2歳から3歳にかけて自己主張が盛んになります。このことが，自分の気持ちをことばで表現することを促し，会話力を高めるのに役立ちます。さらに5歳になると，友達との共感，協力が発達し，相談力が伸びてきます。

ことばの発達には，情緒調節を基盤とした愛着，共感，達成感，自信が大切と言えます。特に，リラックスした喜びの出現が重要と考えられます。

第5章 ことばの遅れと働きかけ

1 ことばの遅れの見方

1.1 なぜことばが遅れるか

ことばの遅れには様々な原因が考えられます。まず，子どもに元気がない，無気力である，感動がない場合です。元気がないために，人のやること言うことに面白さを感じることがなく，したがって人から学ぼうとしないために，ことばも学ばない場合です。情緒が乏しい子と言えます。そのような子は，喜びを増やして脳を活性化することが大切となります。

よく喜び元気でも，自分の興味に集中してしまい，人への興味が現れない場合があります。人の話を聞こうとしないために，ことばの習得がうまく行きません。このように子は緊張・集中性の喜びが優位な子で，感覚刺激的な対象に興味を集中させてしまいます。そのような子は，心も身体も固くなりがちで，強いこだわりを示したり，固い声を出したりします。自閉的な子どもたちです。活発に喜べるようにしながら，最終的にはリラックスして喜べるようになることが重要です。

活発に喜び，落ち着かない場合もあります。落ち着きがないために，人の話をじっくり聞けないのです。それだけでなく，得られた情報を頭のなかでじっくり処理することもできません。そのために，人からことばを学ぶこと，イメージやことばの記憶を定着させること，イメージやことばをしっかり理解することができないという問題が起きてきます。このような子どもたちは，ADHD（注意欠陥多動性障害）と診断されることが多いのですが，学習障害と診断されることもあります。いずれもリラックスして喜べるようにし，人のもとでくつろげるようにすることが重要です。

主な問題について簡単に説明しましたが，要点を述べると，どのような問題があっても，ことばの発達のためには，人と楽しく遊び，リラックスして笑えるようにし，人のもとでくつろげるようになることが大切です。すると，絵本などを使って語りかけをしても，じっくりと楽しんで聞いてくれるようになり，ことばを身につけることが容易になります。

ことばの遅れに対して保育所でできること

2.1 働きかけの筋道

喜びが乏しければ，人の働きかけで喜べるようにします。固い感じで喜ぶならば，活発に喜べるようにします。活発に喜ぶのであれば，リラックスした喜びを引き出してくつろげるようにしていきます。さらに，楽しい感じでリラックスさせながら，絵本の読み聞かせをします。

2.2 喜びを引き出す

喜びが乏しい子は，くすぐりで喜べるようにします。もちろん簡単には喜んでくれないでしょうから，手順を踏んで働きかけます。

(1) **緊張と弛緩のサイクルを作る。**始めに子どもを少しくすぐっては，身体を小刻みに揺らしたり，腕をブラブラ揺らしたりしてリラックスさせます。くすぐりで緊張を高めてはリラックスさせる，を繰り返します。難しい子であれば，くすぐっても緊張が高まらずリラックスさせてもリラックスしません。なかには緊張しっぱなしで，緊張－弛緩のサイクルができない子もいます。しかし，暇を見て，ねばり強くくすぐってはユラユラ・ブラブラすることを繰り返していると，次第にくすぐりで緊張が高まったり，ユラユラ・ブラブラでリラックスしたりして，緊張－弛緩のサイクルができるようになってきます。緊張－弛緩のサイクルがスムーズにできるようになると，喜びが現れやすくなります。

(2) **活発な笑いを引き出す。**子どもが喜びやすくなったら，身体を動かしながら活発に笑えるようにします。そのための方法に，「アッチコッチくすぐり」があります。これは，子どもの身体の様々な部分をくすぐって笑わせる方法です。例えば，右の横腹をくすぐります。すると，子どもは右の横腹を引っ込めます。次に，左の横腹をくすぐります。すると，子どもは左の横腹を引っ込めます。このようにして，子どもの身体が動くようにしていきます。始めは，固い感じで少ししか身体を動かさないでしょうが，楽しくくすぐったり，リラックスさせたりしていると，次第に速く身体を動かせるようになり，活発に笑えるようになってきます。

(3) **期待させながら笑わせる。**くすぐり遊びの時には，必ず，くすぐっては休むか，くすぐってはリラックスさせることが大切です。くすぐりっぱなしではくすぐりを嫌だと思うようになってしまうからです。そして，くすぐりを始める時には「いくぞいくぞ」と予期させながらくすぐることが大切です。

なぜ大切かと言うと，人への興味を引き出すことが重要だからです。人が迫ってくるのを楽しく期待して喜ぶことで，人への興味が増していきます。「この人が遊んでくれる」という意識を強く持てるようにするわけです。

その他に，くすぐりという実際の刺激で喜ぶだけでなく，人が遊んでくれるというイメージで喜べるようにするという意味もあります。子どもが，「この人が遊んでくれる」というイメージで喜べるようになると，働きかけなくても喜べるようになり，脳の活性化に役立ちます。

(4) **人のしぐさで笑えるようにする。**このように働きかけを期待して喜べるようになってきたら，次には「いくぞいくぞ」と近づき，子どもをあたかもくすぐるかのようにしながらくすぐらないで，ワッと迫るだけにします。子どもは，くすぐられたと思い込んで勢いよく笑います。この時，子どもは「近づいてはくすぐるしぐさのイメージ」で喜ぶわけです。

このように人のしぐさのイメージで喜べるようになると，次第に，「いくぞいくぞ，ワッ！」と声としぐさで笑うようになり，さらには「ブルブル，バッ」といったあやしかけで喜ぶようになります。これは，6ヵ月の赤ちゃんが「いないいないばぁ」という弱弱強休パターンの働きかけで喜ぶのと似ています。

弱弱強休パターンの働きかけで喜ぶようになると，絵本の時に「これは，これは，ライオン！」という読み聞かせをしても喜べるようになります。大げさな変化を見せて，子どもの興味を引き出すことができるようになるのです。さらに次第に，それほど大げさにアクセントをつけなくても，子どもを楽しませることができるようにし，楽しみながら人の話を聞けるようにしていきます。

2.3　活発で対応性のある遊び

ことばは単に話を聞いて学んでいけば身につくものではありません。人のことばかけに対応して返答するというように会話ができることが大切です。会話のなかで重要なことは相手の意図を読み取り，それに対応しながらも自分の意図も伝えるということです。

そのためには，人の働きかけの変化に応じる遊びや人の意図に対応する遊びをするとよいでしょう。人の働きかけの変化に応じる遊びには，「アッチコッチくすぐり」があります。また，相手の意図を読み取って対応する遊びには「くすぐり追いかけっこ」があります。

(1)　アッチコッチくすぐり

この働きかけについては，活発な喜びを引き出す遊びとして紹介しました。こちらのくすぐる所に応じて，身体を動かせるように働きかけます。くすぐったいと感じる気持ちを高めながら，アッチコッチとくすぐる場所を変化させてくすぐり，それに合わせて身体を動かせるようにするのです。人の働きかけに応じて身体を動かすためには，身体が柔軟でないといけません。途中にリラックスさせる働きかけを入れて，リラックスさせながら動きを引き出すようにしていきます。このような働きかけがうまくいけば，子どもはくすぐられる前から，人の手がどちらから来るかを見て，前もって身体をよじらせるようになります。人の動きをよく見ながら，対応して身体を動かすのです。こうすることで，人の動きへの関心が高まりますし，人の動きに応じて自分がどう動くべきかを決められるようになってきます。

(2)　くすぐり追いかけっこ

「アッチコッチくすぐり」では，子どもはどちらかと言うと受け身的対応になっていましたが，さらに積極的にテキパキとした対応性を引き出す働きかけとして，「くすぐり追いかけっこ」があります。くすぐり追いかけっこは，大人が子どもをくすぐり，子どもは楽しみながら逃げるという遊びです。大人は「待て待て」と言いながら子どもを追いかけますが，この時に子どもの前に回るようにします。子どもが捕まってはいけないと方向転換すれば，良しとします。このように大人の出方に対応して自分の逃げ方を決めることで，テキパキとした対応性が養われます。

この働きかけは，広い場所でやってはいけません。広い場所でやると子どもを後ろから追いかけるだけで大変で，とても前に回る余裕がありません。ですから狭い部屋でやります。すると子どもは逃げても必ず壁にそって曲がることになりますから，子どもの前に立ちはだかるのが簡単になります。

人との関係ができていない子にこの働きかけをする場合，始めから対応性を引き出せるわけではありませんので，テキパキとした対応性を引き出すための段階に従って働きかけてください。すると次第に対応して逃げられるようになり，人との関係もよくなっていきます。

① くすぐりで喜ぶが逃げない段階

もし，子どもがくすぐっても喜ばないのであれば，喜びを引き出す働きかけから始めます。ここでは，くすぐりで喜ぶ段階まで来ている子どもの働きかけを説明します。

人にうまく対応できない子は，くすぐって笑ってもその場で笑うだけで，逃げることはなかなかしません。時にはくすぐられて笑いながら寝転んでしまいます。このような場合は，くすぐりで楽しませることでもっとくすぐって欲しいという気持ちを作ります。ただ，子どもによってはくすぐって笑っても，そして，くすぐりをやめて引き下がっても，すぐに真顔になってしまって，遊びを求めないことがあります。そんな時には，くすぐるときに身体を揺さぶるようにしてリラックスさせながら笑わせます。

このように少し笑わせ，揺さぶり，引き下がるを繰り返していると，次第にもっとくすぐって欲しいという気持ちが強くなっていきます。

② くすぐりを求めてやってくる段階

くすぐって引き下がると，大人のくすぐりを求めてやってくるようになったら，やはり，やってきたところで少しくすぐっては引き下がり，追いかけさせるを繰り返します。こうして，次第に速く追いかけられるようにしていきます。小走りにやってくるまでになってきたら，今度は，押すようにしながらたくさんくすぐるようにします。するとフラフラとよろけることが見られるわけですが，少しでもよろけて離れれば，マテマテと大げさに追いかけるまねをします。

③ くすぐりから逃げる，しかし前に回っても反対方向に逃げない段階

くすぐられて「これはたまらん」という感じで逃げられることが重要です。くすぐりを求めて人を追いかけるのは依存的な心を表しています。他方，くすぐりから逃げるという行為は，人とかかわりながら自分の独立と自由を求める行為です。多くの可能性のなかから自分で逃げる方向を決定します。ただし，勝手に逃げるのでなく，人に捕まらないように逃げます。人が前に回ってきたら，方向転換して逃げるということです。人の動きに対応して逃げられない子

どもは，大人が前に回ると，止まって固まってしまうか，そのまま走り続けて大人にぶつかってしまいます。このような時に，子どもを改めてくすぐって逃げるように仕向けます。このようなことを繰り返しながら，次第に大人が前に回ってきたら，後ろに逃げるというように，人の動きをよく見て対応しながら逃げられるようにします。すると，自己主張しながらも，大人のことばに対応する心をつくることができます。

④　くすぐりから逃げ，前に回るとサッと方向転換をして逃げる段階

くすぐり追いかけっこで，大人から逃れながら走ることは，簡単なことのように見えますが，人間関係が育っていない子どもには難しいことです。ですから，人間関係を育てるつもりで追いかけっこを子どもと楽しんでいただきたいと思います。

このような追いかけっこがうまくできてくると，大人が前に回ってきたという既存の状況に反応することから，さらに人がこれからどう動くかと将来を読みながら逃げられるようになってきます。「かけひき」ができるようになってくるのです。自分がこう動けば人がこう反応するに違いないという人の気持ちの読みもできるようにしていくのです。単純な働きかけですが，豊かな人間関

くすぐり追いかけっこ
大人が前に回ると，方向転換して逃げる

係を築くための基礎づくりとなる重要な働きかけです。

2.4　リラックスさせる働きかけ

リラックスさせる働きかけは，喜びを引き出す働きかけとセットで行います。つまり，子どもを喜ばせてはリラックスさせるを繰り返すのです。ただ，活発に喜び過ぎて落ち着きのない子どもの場合は，リラックスさせる働きかけだけを行う場合もあります。その場合には，リラックスさせては休むという働きかけを繰り返します。

なぜ喜びを引き出しながらリラックスさせるかと言うと，生き生きとした感じでリラックスできるようにするためです。「活性化したゆったりさ」と言っても良いでしょう。活性化した感じでゆったりできるようになると，人のもとで落ち着き人の話を聞きながらも，その話を面白いと感じやすくなりますし，ことばを聞いてまねたり，ことばで返答したりしやすくなります。

ことばの発達のためには，ただおとなしくなればいいとかリラックスすればいいというわけでなく，楽しさを感じながらリラックスできることが大切なのです。これから，子どもをリラックスさせる方法について説明します。

(1)　身体ユラユラ・手ブラブラ

子どもの身体をこきざみに揺らしてあげるとリラックスしやすくなります。この働きかけがうまく行くためにも，段階がありますので，やりやすい段階から子どもがゆったりできるように働きかけるとよいでしょう。

①　肩や腕などを少し押さえるようにしながら揺らす段階

子どもが何かし終えた節目や子どもを笑わせた後などに，肩や腕に手を置いてこきざみに揺らします。肩や腕の皮膚が揺れるように身体を揺らします。子どもが受け入れられる強さや速さ，持続時間でやります。1～2 秒揺らしては 1～2 秒休むというリズムで繰り返します。ある程度したら，また子どもの活動を見たり子どもを笑わせたりする働きかけをします。

②　腕をそのままの位置でブラブラ揺らす段階

このような身体揺らしが容易にできたら，次には，子どもの腕を持って揺らしてあげます。ただ，始めは子どもの腕を変化させずにそのまま揺らします。つまり，腕が曲がっていれば曲がったままで揺らします。先に述べたように1〜2秒揺らしては1〜2秒休むというリズムで繰り返すという要領でやります。腕を揺らすことで，肩や腕の力が抜けてきたら次第に腕が伸ばしやすくなります。

③　腕を伸ばしてブラブラ揺らす段階

肩や腕の力が抜けやすくなると，腕を持っても伸ばしやすくなります。そうしたら，腕を伸ばしながらブラブラと揺らします。始めは，腕がいろいろな位置にあってもその位置で揺らします。例えば，子どもが腕を上に伸ばしたら，そのままで揺らします。ブラブラ揺らして力が抜けてきたら，大人の方に腕を伸ばして揺らせるようにしていきます。この方法は，子どもと一緒に歩きながらでもできます。こうすることで落ち着かない子を落ち着かせながら歩くことができるようになります。

④　両腕を伸ばしながらブラブラ揺らす段階

片腕を伸ばして揺らせるようになってきたら，両手を持ってブラブラ揺らしてあげましょう。これができると，子どもと大人が向き合いながらリラックスを促すということになり，リラックスしたところで本を読み聞かせる働きかけができるようになります。また，子どもと大人が対面ですわりながらできると，語りかけや絵本の読み聞かせがじっくりできるようになってきます。

(2)　足曲げ

足曲げは，子どもを仰向けに寝かせて，足首のあたりを持ちながらゆっくりと足の曲げ伸ばしをする働きかけです。先の身体揺らし・腕揺らしは主に肩の力を抜く働きかけでしたが，この働きかけは，腰や足の力を抜く働きかけです。この働きかけにも，うまくできるようになるための段階がありますから，段階にそってやられるといいでしょう。

足曲げ

① 寝ることに慣れる段階

落ち着きのない子や人間関係ができていない子の場合，床に寝ること自体が難しい場合があります。そのような場合には，まず寝ることに慣れることから始めます。例えば，子どもをくすぐって笑わせます。くすぐって笑わせながら子どもを寝かせ，さらにくすぐったりポンポン叩いたりして楽しませます。このように子どもを寝かせながら遊び，次第に寝ることに慣れるようにしていきます。

② 寝かせて身体を揺らす段階

遊びながら寝れるようになってきたら，子どもの身体に手を置いてこきざみに揺らします。こきざみに揺らしてはくすぐるなどして，楽しませてはゆったりできるようにします。多少とも寝続けるのならば，身体を揺らしては休むを繰り返し，おとなしく寝ていられるようにします。

③ 足を持って揺らす段階

落ち着いて来たら，足を持って左右にこきざみにブラブラと揺すり，腰と足の力を抜きます。ここまでが，足曲げをするための準備段階です。

④ 足を持って動かす。子どもはふざける段階

おとなしく寝ていられるようになってきたら，足首やすねの部分を握って，ゆっくりと足の曲げ伸ばしをします。しかし，始めは子どもはふざけて足をバタバタしたり，身体全体をピーンと突っ張ったりします。

足をバタバタさせる場合は，それにつきあって一緒に動かしては，時々グッ

と動きを止めます。動きを止めると子どもの方も緊張を高めますが，すぐにスーとこちらが力を抜くと，子どももホッと力を抜きやすくなります。このように，バタバタ・グッ・ホッを繰り返していると，足の力が抜けやすくなって，次第に動かしやすくなります。

身体全体や足を突っ張る場合は，足を持ち上げれば，腰が曲がりやすくなります。その場合は，足を伸ばしたまま腰のところで身体を二つ折りにします。また，突っ張りが強い場合は，やはりグッと押してはスーと力を抜いて引くことを繰り返します。すると，一時的に突っ張りが強くなってもスーの部分でホッと力が抜けやすくなります。

またふざけてバタバタしたり突っ張ったりした時には，前段階にもどって足をこきざみに揺らすというやり方をしてもいいでしょう。

⑤　対抗して力を入れてくる段階

力が抜けやすくなり，少し足を動かせるようになると，大人が動かすのに対抗してわざと逆らって押し返してくるようになります。人の働きかけを意識しながら力を入れるわけですから，力のコントロールができるようになっているわけです。子どもが力を入れて来たら同じ力でギュッと押し返しては，ホッと力を抜きます。すると子どもも力が強くなっては少し力を抜きます。そしてまた動かすと逆らってくるので，お互いに力を入れては抜くというグッホッグッホッ…を繰り返すことになります。お互いに対抗し合ってはいるのですが，お互いのリズムが合うことになります。そうすると，楽しみながら力が抜けやすくなっていきます。

⑥　力を入れても抜ける段階

力が抜けやすくなってくると，子どもが力を入れてきても，グッと押し返すと，子どもがカックンと力を抜くようになります。子どもがこちらの働きかけを受け入れて力を抜くようになるのです。こうなると，次第に子どもも落ち着いてきて，力を入れずにおとなしく足を動かされるようになってきます。落ち着きが深まる段階と言っていいでしょう。ただ先にも述べましたが，子どもが単に落ち着けばいいということでなく，楽しい感じで落ち着くことが大切ですから，時には少しくすぐって笑わせては足曲げでリラックスさせるようにしていきます。

⑶　お腹を突っつく

これは，くすぐり遊びなどで子どもが笑ったとき，ギーギーとかアッアッアッというように笑いが固い場合に行います。お腹を突っついてお腹の筋肉を振るわせるようにすると，喉の筋肉もゆるみ，柔らかい笑い声になりやすくなります。このようにしてやわらかい笑いを引き出すことで，ゆったりさをもたらすことができます。

⑷　喜びを高めてはホッとさせる

なかには，とても落ち着かなくて常に動き回っている子どもがいます。そのような子どもは動きが激しくて上記の働きかけがなかなかうまくいかない場合があります。そのような子に喜びを高めてはホッとさせる働きかけをするといいでしょう。やり方は，その子が動き回っているところを捕まえてくすぐって瞬間的に思い切り笑わせます。思い切り笑わせては，くすぐりをすぐにやめてホッとできるようにするのです。この働きかけを続けているとホッとしたときに次第に落ち着きが続くようになります。

⑸　追いかけ抱っこ

また，子どもがこちらのくすぐりから逃げるようになったら，別のすわっている人のところに追い詰めて抱っこしてもらってホッとできるようにします。くすぐりで追い詰めては，別の人に抱っこしてもらってホッとさせるを繰り返していると，次第に抱っこされて落ち着くようになってきます。

2.5　絵本の読み聞かせの仕方

楽しく遊びながら座れるようであれば，座るための働きかけをします。そして，長く座っていられるようにして，座ったところで絵本の読み聞かせをします。このように楽しくゆったりして人の話を聞くようになれば，ことばを覚えて話せるようになっていきます。次のような順に行います。

⑴ 座れるようにする段階

やり方は，まず子どもが立ち歩いているときに，手ブラブラをしたりくすぐったりして楽しませながら，イスに座らせます。落ち着きがなかったり，人の働きかけを喜ぶことがなかったりしたら，今まで説明してきた働きかけで，人と楽しく遊び，リラックスもできるようにしていくことが大切です。もし，せっかく座らせても，子どもが立つようなら，無理せず立たせて，また遊んでリラックスさせて座るように誘います。座るのに慣れて少しでも座れるようになれば，座ったところで遊びます。

⑵ 座って対面で遊ぶ段階

座ったところで，少しくすぐったり，ギッコンバッコンして身体を揺らしたり，手ブラブラをしたりして，座って遊べるようにします。立とうとしたら立たせます。もしできるのなら子どもが立とうとしている時に，お腹を押すようにくすぐって笑わせ，座るのであれば座らせます。楽しくゆったりした感じで座り続けられるようにしていきます。

⑶ 座って遊びながら本の読み聞かせをする段階

大人が何もしなくても座っていられるようになったら，そのときに絵本を読んであげます。少し読んだら，くすぐって笑わせては手ブラブラでリラックスさせます。このように遊んでは絵本を読んで聞かせるを繰り返し，次第に楽しく話が聞けるようにしていきます。話を聞かせながら，声のまねやことばのまねができるようにしていきます。楽しくリラックスしていれば，話を聞いたり，まねたりしてくれるようになり，ことばを覚えていくようになります。

⑷ 大げさに読んで楽しませる段階

くすぐったりして楽しませながら読み聞かせをしていると，次第にくすぐらなくても大げさに読んであげると，楽しそうに聞けるようになってきます。そうなれば，次第にくすぐらなくても大げさな声やしぐさで喜べるようになってきます。始めは，大げさな刺激で喜ぶわけですが，話を聞くうちに理解が進み，内容でも喜べるようになっていきます。そのためには，人のもとで楽しくリラックスすることが大切です。

以上，ことばの遅れのある子への働きかけを説明してきました。人と楽しく遊べるようにし，人の働きかけでリラックスできるようになれば，人の話を聞くようになり，ことばを発達させることができます。そのために，リラックスしながら喜べるようにすることが一番大切です。リラックスして喜べるようになれば，集団の中に入っても，楽しく人とかかわり合えるようになっていきます。

個人的にも集団的にも，くつろぎながら人とつきあえるようになってきたら，他の章で説明していることばの育ちを助ける様々な活動に参加できるようになっていきます。ここでは，普通に行われる集団の活動に乗りにくい子どもへの働きかけを説明しました。活用していただければなによりです。

コラム1　特別支援教育時代の幼児教育・保育

岩手大学　名古屋恒彦

2007年4月より学校教育法等の一部改正が行われ，従来「特殊教育」と呼ばれていた我が国における障害のある子どもへの教育が，「特別支援教育」という新たな名称でスタートした。

「主体的な取組」「自立」「社会参加」といったこの教育で子どもに実現すべき目標を明確に掲げた特別支援教育のスタートである。この目標論は，幼児教育・保育の目標論と合致するものでもある。

特別支援教育においては，子ども一人ひとりの教育的ニーズに適確に対応していくことが強く求められる。特別支援学校，特別支援学級，通級による指導などで，特別な支援を行うばかりでなく，通常の学級に在籍する，特別な支援を必要とする子どもへの適確な対応が求められているのである。

このような制度改革の背景には，LD，ADHD，高機能自閉症といった発達上の障害が，通常の教育の場で生活をしていた子どもにもあることが認識され，これら従来の特殊教育の対象外であった障害への対応の必要性が認識されたことがある。

特別支援教育制度の下では，様々な障害のある一人ひとりの子どもへの適確な対応を，特定の場に限定されず，すべての教育の場で行うこととなるのである。

幼稚園や保育所といった幼児教育・保育の場もまた，特別支援教育のフィールドと言ってよい。

1960年代以降，特に幼稚園や保育所では，障害のある子どもの受け入れが進んできた。このことに対して，特殊教育補助や特別保育事業など，様々な支援策が講じられてきているものの，公的には，特別支援の場としての明確な意味づけは不十分なまま，実践現場の努力に多くが委ねられてきた。

これに対して，新たに発足した特別支援教育では，幼稚園や保育所などの場でも適確な特別支援がなされるような体制づくりに着手している。文部科学省では，2005年度より厚生労働省との連携強化や幼稚園も含めた「特別支援教育体制推進事業」の実施，2007年度より幼稚園や保育所での支援体制をも整備する「発達障害早期総合支援モデル事業」の実施と，制度的な裏付けをもった特別支援教育体制づくりを，幼稚園等就学前の場でも進めている。

これら特別支援教育体制整備という新たな動向と，これまでの幼児教育・保育実践の課程で先人たちが開拓し，蓄積してきた障害のある幼児への対応の実績を踏まえ，今日，幼稚園や保育所においても，障害のあるが故に特別な支援を必要とする子どもへの適確な対応がいっそう充実・発展していくことが期待される。

本稿でとりあげる「子どもの表現活動」もまた，幼稚園や保育所における重要な教育・保育内容であり，そうであるからこそ，障害のある子どもにとっても，より良く展開されることが重要となる。

第6章 小学校への橋渡し

子どもの発達には自尊心を育てることが必要

1.1 ことばで伝え合う楽しさを感じさせる

小学校低学年でことば遊びを始めると,「知ってる, 知ってる」と言いながら子どもは楽しそうに活動を始めます。多くの子どもが楽しそうに取り組み, 幼稚園や保育園で楽しい活動を経験してきたことがわかります。その一方, あまり興味を示さない子どもも出てきます。声かけをしても動き出さない子どもがいます。自分の思い通りにならないと, 乱暴になる子どももいれば, わがままを言ったり泣いたりする子どももいます。表現方法は違えども, どれも自分の思いを理解してもらおうとする子どもの姿です。

多くの小学校で, 感情をコントロールできずに暴力に訴えたり, 相手をいじめてしまったりする子どもの指導に苦慮しています。そこで聞かれる教師たちの声は,「コミュニケーションの取り方を知らない子どもが増えている。ことばで伝えられずに, 感情的になりすぐ手を出してしまったり, 頑固に動こうとしなくなったりする。」というものでした。子どもの成長にかかわるすべての人たちが, 一人ひとりの子どもにことばを使う技術を教えると共に, ことばで伝え合うことの楽しさを感じさせてあげることが必要です。

園で指導したことや活動したことが, 小学校においての子どもたち一人ひとりの幸せにつながっていくためにという視点をもって, 園での指導法を見直し続けていくことは大切なことでしょう。

1.2　自尊心を育てることが指導の原則

小学校に入学して，一番苦慮する子どもってどんな子どもでしょう。

それは，「自尊心の少ない子ども」です。自尊心の少ない子どもから出る共通したことばや醸し出す雰囲気は，「どうせ自分なんか…」です。まだほんの少ししか生きていない子どもが，夢も希望も可能性をも否定しているのです。

きっと様々な家庭環境や地域での生活状況から，自己否定をしなくてはならないような毎日を過ごしているのかも知れません。

子どもにとって，「社会」とのつながりは，保護者と先生しかいません。その人たちしか，本当の意味で責任持って自分を見つめてくれる人はいないのです。もしも，その一方が自分をいつも否定しているとしたら，人間不信や社会不信の芽を育てているとしか言えません。仮に両方から否定されてしまっていたら，生きていく望みさえ失ってしまうかもしれません。

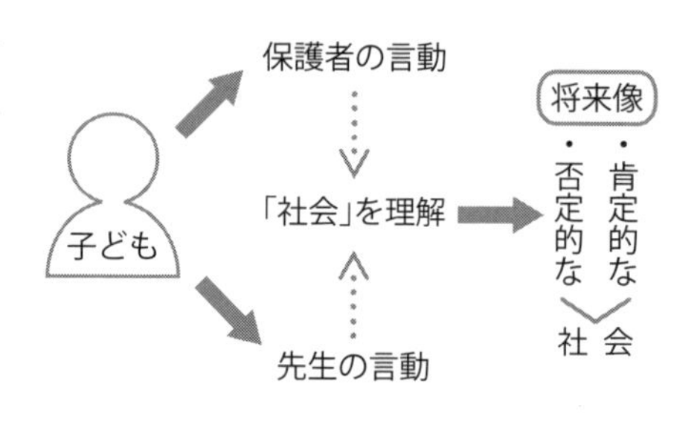

だから，保育者は「園内」で，子どもの自尊心を育める場づくりに全力を傾ける必要があります。

「園内では，自分のことを認めてもらえる・わかってもらえる・受けとめてもらえる・自分に自信が持てる・考えるだけで心が温かくなる」。こうした思いを一人ひとりの園児にできるだけ伝えることが大切です。

1.3　トラブル解決のために

自尊心の少ない子どもは，心からの優しいことばがけを受ける経験が少ないために，ことばの遣い方がわからず，一生懸命に優しいことばを使おうとしても，なかなか人に伝わっていかないことが多いのです。友だちにことばをかけたことでかえってトラブルになることもあります。そうしたマイナス経験が積み重なると，しだいに口が重くなり，手が先に出てしまうこともしばしばです。すると，それを見た大人は，「全く，いつもあなたは…」と言って，たしなめます。そうすると，さらに自信を失い，自尊心が消えていきます。

私は小学校の校長をやっていた時に，次のような子どもに出会いました。

その子どもは，個別に接すると，とても優しい気遣いができます。ところが，集中力を持続できないために学習が遅れがちになり，わからないことが出てくるとすぐに授業を放棄してしまいます。教師や友だちからちょっと気に入らないことばを言われると，怒って教室を飛び出してしまいます。

担任も私も，その子どもとはよく話し合いをしました。

出てくることばは決まって「どうせ自分なんか」でした。そのことばを聞くたびに心が痛みました。その子どもも苦しんでいることがわかったからです。

認めて欲しいのです。わかってほしいのです。自分という存在をありのまま受けとめて欲しいのです。そうした思いが満たされていないのです。

周囲の人に迷惑をかけないよう厳しく指導することも大切ですが，それとともに，その子どもの気持ちを受けとめ，優しさや思いやりで心の中をいっぱいに満たしていくことも大切なのです。

それは，すぐに効果の表れるようなものではありません。

「今という現実」と闘っている先生にとっては，辛い日々が続くのですが，心の中を満たしていく作業はいつか実を結びます。それが，10 年後なのか 20 年後なのかはわかりません。その子どもが，ふと過去を振り返った時，優しさであふれる思い出を持っているか，傷つけられた思い出を持っているか，それが人生の大きな節目になっていくと思うのです。

私たち子どもとかかわる者は,「今」だけにとらわれず，いつも子どもの心のなかに優しさと思いやりを注ぎ込むことをやり続けていく必要があります。

子どもの心のなかに自尊心を持たせてあげることは，その子どもが強く生きていく力を授けることでもあります。

1.4 子どもの自尊心を育てる「先生のことば」

自尊心を育てるために重要なファクターとなるのが,「ことば」です。

保育者は,「ことばの使い手」になるために努力を積まなくてはなりません。ことば1つで状況をガラリと変えていくことも十分可能です。

例をあげて考えてみましょう。

> B君と争いごとになり興奮をしたA君が空き教室に入って，そこら中を蹴飛ばしています。それを見つけたあなたはどのようなことばがけをしますか。
>
> A 何やってるの！ 怒るのは良いけど，物に当たるんじゃありません。
>
> B いっつもあなたは喧嘩ばかりしている…。
>
> C なぜ喧嘩なんかしたの？

あなたなら，どれを選びますか。実は，どれも不正解です。教育評論家の尾木ママこと尾木直樹氏が提唱する，叱らずに子どもを伸ばす「魔法のことば」として，次の2つのことばをあげています。それは,「どうしたの？」「大変だったね」です。私は，その後に「よっぽどのことがあったんじゃないか」を付け足していきます。

まず,「どうしたの？」と子どものいたたまれない気持ちを聞こうという姿勢を示すことから始めます。そして,「大変だったね」と平常時の良い状態を知っていることを知らせ，今は辛い状況にあることを理解しているよとサインを出します。そして，「よっぽどのことがあったんじゃないかな」で，自分の思いを話したくなるように誘います。

するとほとんどの子どもは，少しずつ冷静になり，自分の口からどれだけ自分が嫌な思いをしたかを話し始めます。これで子どもは気持ちが落ち着いていきます。この時，途中で口を挟んだり，「でも」と言ったり，「だから」ということばは厳禁です。最後まできちんと聞いてあげないと，結局は叱られ，小言を言われるためのネタを提供しただけだと思われてしまいます。少しでもそう思われたら，次からは決して心を開いてはくれません。

Cの「なぜ喧嘩なんかしたの？」は，理由を聞いているようでいて，その後に「後で指導される」が予測できるため，子どもは心を開きません。

子どもは，ただ共感して欲しいのです。無茶苦茶なことを言っていることも十分承知していることも多いのです。でも，今はとにかく腹が立っていて，その気持ちを聞いてもらいたいのです。

保育者となるからには，いつも次のことばを心に刻んでください。

> 子どもの自尊心を大切にする。育てる。
> そのために，今の自分のことばは大丈夫だったか。

優しいことばをたくさん持つことは，子どもの心を救うことになるのです。

1.5　基本に目を向ける

幼稚園教育要領や保育所保育指針では，このことについてどのように示しているのかを確認してみましょう。幼稚園教育要領第2章ねらい及び内容の人間関係の項目では，次のように述べられています。

『他の人々と親しみ，支え合って生活するために自立心を育て，人とかかわる力を養う』とあります。さらに，3内容の取扱い(4)では，『道徳性の芽生えを培うに当たっては，基本的な生活習慣の形成を図るとともに幼児が他の幼児とのかかわりの中で他人の存在に気付き，相手を尊重する気持ちをもって行動できるようにし，また，自然や身近な動植物に親しむことなどを通して豊かな心情が育つようにすること。特に，人に対する信頼感や思いやりの気持ちは，葛藤やつまずきをも体験し，それらを乗り越えることにより次第に芽生えてくることに配慮すること』（下線筆者）

保育所保育指針の第２章子どもの発達１乳幼児期の発達の特性⑴には，次のようなことが書かれています。

『子どもは，大人によって生命を守られ，愛され，信頼されることにより，情緒が安定するとともに，人への信頼感が育つ。そして，身近な環境（人，自然，事物，出来事など）に興味や関心を持ち，自発的に働きかけるなど，次第に自我が芽生える。』（下線筆者）

この下線部を読んでみると，子どもは自尊心が育つことで，心が安定し，適切に成長をしていくことがわかります。様々な状況で，なかなか愛情を感じたり，信頼されたりという体験ができない子どもたちがたくさんいます。

まず，保育者がたくさんの愛情を注ぎ，信頼し，子どもの自尊心を傷つけぬよう，できるなら大きな自信につながるようなそんなことばがけができるよう，保育者自身のことばの遣い方をいつも学んでいきたいものです。

 「ことば遊び」でつながる国語の授業

幼稚園や保育園で行うことば遊びには，発展していくと国語の授業につながっていくものがあります。そのことを，ちょっとだけでも意識して「ことば遊び」をすることで，子どもたちの言語能力向上に役立っていきます。小学校学習指導要領解説国語編のなかでは，言語感覚について「言語感覚を養うことは，一人ひとりの児童の言語生活や言語活動を充実させ，ものの見方や考え方を個性的にすることに役立つ」と述べられています。保育の現場でも，様々なことば遊びを準備したいものです。

2.1　ことば遊びでつなげたい「ことば」と「ものやこと」

「地図」をのばすと「チーズ」になります。「ビル」をのばすと「ビール」です。「のばすと変身することば」は，意味の違う2つの語句を結びつけるところにおもしろさがあります。ことばは，それを示すものやことが，頭の中に思い浮かぶことで，理解が進んでいきます。「チーズ」と言われて，「チーズ本体」が思い浮かばなければ，「チーズ」の意味しているものは理解できません。園児は，生活の中で繰り返し使われることばや体験を通して，「ことば」という抽象化されたものと「物」や「事」という具体化されたものを結びつける作業を頭の中で，日々やっています。

それが，あることばの音をのばすと全く違うものを表すことばになっていくことに驚きやおもしろさを感じる力となります。もちろん，生活経験や言語体験の少ない子どもにとっては，言われていることばの意味が何を表していくのかをイメージできない子どももいます。

「イメージできない」「わからない」を繰り返していると，ことばを発する意欲を失わせるだけでなく，イライラする感情を醸成させ，手を出させてしまうことにもつながります。それは，大切な自尊感情を傷つけることにもなってしまいます。保育者の何気ない，でも行き届いた配慮が求められます。

2.2　小学校で苦戦する「長音」の指導

1986（昭和61）年7月1日に，内閣府より「現代仮名遣い」が告示されました。その中に長音については次のように載っています（例は一部割愛）。

① ア列の長音　ア列の仮名に「あ」を添える。

　　例　おかあさん　おばあさん

② イ列の長音　イ列の仮名に「い」を添える。

　　例　にいさん　おじいさん

③ ウ列の長音　ウ列の仮名に「う」を添える。

　　例　くうき（空気）　ふうふ（夫婦）　きゅうり　ぼくじゅう（墨汁）

④ エ列の長音　エ列の仮名に「え」を添える。

　　例　ねえさん　ええ（応答の語）

⑤ オ列の長音　オ列の仮名に「う」を添える。

　　例　おとうさん　とうだい（灯台）　わこうど（若人）　おうむ　かおう（買）　あそぼう（遊）　おはよう（早）　おうぎ（扇）　ほうる（抛*）　とう（塔）　はっぴょう（発表）　きょう（今日）ちょうちょう（蝶*々）

　　＊は常用漢字表に掲げられていないもの

小学校では，この長音を文字で書き表す指導で結構苦戦をしています。作文を書かせると，「おと~~お~~さんとあそびにいきました。」→「おとうさん」と赤で直すこともしばしばです。

それでも，たくさんの会話やたくさんの書くことを経験していくなかで，徐々に意識して長音での表記ができるようになっていきます。

そこで，幼稚園や保育園ではちょっとだけ意識して，「のばすと変身することば遊び」をしていくと良いでしょう。「今のは，ア列」「今のはオ列」と，様々なことばを使わせていくのがポイントです。

ただ，幼稚園や保育園は，小学校の下請けではありません。あまり小学校のことを意識しすぎると，「教え込み」や「到達点の意識」が始まります。すると子どもにとって楽しかったことば遊びが苦痛な遊びに変わっていきます。

ことばを使うことが楽しい，コミュニケーションをとることがおもしろいというプラスの体験をできるだけたくさんやっていくことが大切です。

そのためには，のばすことばを使う時に，体を伸ばして言うなどの遊びの要素をたくさん取り入れていくことが求められます。

長音以外にも，「拗音」「撥音」「促音」等のたくさんきまりごとがあります。それらをふまえて，たくさん「ことば遊び」を開発してください。「楽しく経験を積ませていく」ことが，より良い言語環境となり，小学校での指導を助けることにつながっていくでしょう。

 「ことば遊び」で広がる生活科の授業

子どもの学力は体験と密接に結びついています。奈須正裕（2009）は，「社会生活の中で知識や技能を身につけ，ことの本質に気づいていく際には，直接体験を基盤としていることの方が圧倒的に多い。」と述べています。

生活科は，体験を重視する教科です。学習指導要領解説生活編，学年の目標のなかにも，「身近な人々，社会及び自然に関する活動の楽しさを味わうとともに，それらを通して気付いたことや楽しかったことなどについて，ことば，絵，動作，劇化などの方法により表現し，考えることができるようにする」と書かれています。

園でのことば遊びのなかにも，知識や技能を身につけ，ことの本質に気づいていくような活動がたくさんあります。ちょっと意識して活動を仕組んだり，ことばがけをしたりすることで，子どもの成長に大変役立ちます。

3.1　ものと名前を結びつける名前さがし

子どもの言語の獲得は，体験と結びついています。ですから，大人が思っている以上にことばを知りません。ですから，名前の中に，様々なものの名前が隠れていることを発見させていくことは身近な体験としてもとても楽しいことですし，気づく力を育てることになります。

例えば,「さいとうたかし」という名前ならば,「さい」「たか」「うし」「いか」「さとう」「うた」「いた」「しか」「たい」等を発見できます。

自分の名前の中に発見できたら，家族や知り合いの人の名前から発見させるのも良いでしょう。家族の話題にしてもらうのも楽しいでしょう。

慣れてきたら，動物・乗り物・食べ物・楽器・おもちゃ等のなかから，発見させても良いでしょう。遊びを通して,「もの」や「こと」への気づきが図られるよう，ちょっとした配慮が求められます。「楽しく発見させる」というキーワードをいつも頭の片隅に置いておくことで，ことばの発見を共に喜べますし，子どももっと見つけたいという意欲を持ちます。

こうした活動の際，気を付けることがあります。それは，ものの名前を発見できない子どもへの対応です。発見できない子どもには，できるだけ具体物や視覚に訴えるものを用意しておきましょう。写真集や図鑑も良いでしょう。わからないことをそのままに流すのではなく，立ち止まって一緒に考えていく姿勢が求められます。「わからなくてもいいんだ」という思いを持たせることは，気づくための力を育てていないばかりか，小学校に入ってから学ぶ努力をあきらめさせてしまうことにもつながります。

3.2　気づく感性と言語感覚を育てるダジャレ

「ふとんがふっとんだ」「インコを見にいんこ」のようなダジャレは，2つの別の「もの」や「こと」を，一つの語句のなかで表現するという比較的高度なことば遊びです。別に存在するもの同士の共通点を見つけ出し，表現をするには，まず気づかなければなりません。さらに，それを相手に伝わるように表現しなければなりません。小学校1年生で，ダジャレを言える子どもは，生活体験が多く，普段大人との会話を楽しんでいることが多い傾向にあります。「ダジャレ」を一緒に楽しみながら，感性を磨いていくことも大切なことです。

学習指導要領解説生活編の生活科の目標のなかには,「表現する活動は，気付いたことを基に考え，新たな気付きを生み出し，気付きの質を高めていくことにもなる。これらの観点から，直接働きかける活動と表現する活動とを関連させて取り扱うことが肝要であり，そこに低学年の発達に見られる思考と表現の一体化が現れるのである。」とあります。

この「気づき」という感性は，事象とことばを結びつけて言語表現し，その言語表現を認められたという経験の積み重ねの中で少しずつ育まれていくものです。

3.3　「なぞなぞ幼稚園」をやってから体験させる

「手で回すと冷たいものが出てくるものなあに？」「お昼近くになると良い匂いがしてくる所どこかな？」「毎日園に届け物をする人だあれ？」等々，園内にある場所や関連する人をなぞなぞ遊びの中に入れていきます。そうしたことば遊びを通して，自分たちを支えてくれている人たちや園の成り立ちや仕組みを意識させていくことが大切です。そして，その後に実際にその場所に行ったり，人に会って話したりする体験をたくさんさせていくと良いでしょう。

生活科では，「身近な生活圏である地域に出て，そこで生活したり働いたりしている人々と接し，様々な場所を調べたり利用したりすることを通して，それらが自分たちの生活を支えていることや楽しくしていることが分かり，地域に親しみや愛着をもち，人々と適切に接することや安全に生活することができるようにすること」を目指しています。そうした学習を支えていくのは，園内での生活の中にあるものやかかわる人たちに，興味を持って接していく体験です。

子どもは思った以上に見つけられません。意識できません。生活体験の豊富な子どもや行動的な子どもであれば，自分から発見していくことができますが，そうではない子どももたくさんいます。一人ひとりの行動を良く見て，なぞなぞ遊びを工夫して，意識を持たせ，実際に触れさせていくことが求められます。

ことば遊びも，こうしたちょっとした工夫で，小学校での生活科の学習につながり，学びが広がっていくのです。

 「ことば遊び」で深まる特別活動

4，5歳児ともなると，友達とのかかわりや遊びのなかから，社会性を身につける上で大切なルールをたくさん見つけ出していきます。

例として「集まる」「話を聞く」「考えを話す」「ルールを守る」「相手の立場に立つ」「自己主張をする」「集中する」「黙る」「指示に従う」「ルールを作る」「仲間を大切にする」「自分を大切にする」「みんなで作る」「みんなで喜ぶ」「がまんする」「一緒に動く」「はげまし合う」「リーダーとして先頭に立つ」「リーダーに従う」「課題を見つけ改善策を提案する」等があります。

こうしたことは，集団の構成員の一人として，誰もが自然に身に付けていかなくてはならないことです。そして，そのルールの獲得には，人とのかかわりのなかで交わされる「ことば」が媒体となっていくのです。

4，5歳児の時期は，自己中心性が行動を決定づけていきますが，小学校に入学してから突然，社会生活のルールが身につくのではありません。4，5歳児から遊びを通して少しずつ学び，人間形成を培っていくことが大切です。「人間は，所属する集団における人と人との関係の中で人間形成を図っていくという側面がある」（小学校学習指導要領解説特別活動編）と，位置づけられていることを，保育者も意識していくべきでしょう。

4.1　伝言ゲームや連想ゲームで集団を意識させる

伝言ゲームや連想ゲームは，小集団でのことば遊びとして手軽に行え，しかも子どもたちにとっても友達とのかかわりを深められる楽しい活動です。

伝言ゲームは，簡単なことばから始め，成功体験をたくさん積ませましょう。連想ゲームは，ことばの広がりや発想の豊かさを楽しませましょう。そのためには，ルールを明確にしていくことが必要です。

間違えた子のことを「非難しない」等のことは，毎回事前に注意をしておくと良いでしょう。それでも，非難する子どもが出てきます。そういう場面に出会ったときこそ，それにどのように対応していくかが大きなポイントとなります。相手の非をすぐに取り上げて，ことばで責める子どもは，普段自分が経験していることをやっているだけです。「ダメでしょ！」的な叱り方は，その子どもの家庭での生活を批判することにつながります。繰り返し注意を受けていると，価値観が混乱し，自尊心が欠けていくことになります。

大切なのは，「言い方」や「やり方」を教えていくことです。園での生活が安心でき，みんなで遊ぶことが心地よいと体感できれば，仲間を大切にしたり，誰かが間違いをしても，励まし合ったりすることができるようになります。

4.2　「何でもバスケット」でルールを守る心地よさを感じさせる

バスケット系の遊びは，「フルーツバスケット」「ものバスケット」「何でもバスケット」等々，様々なバリエーションがあります。この遊びは，「ことば」と「自分」と「動き」を結びつけるちょっとだけレベルの高い楽しい活動です。ルールがわかると何度もせがむほど子どもに人気があります。

声がかかれば，必要に応じて自ら動き出さなくてはなりません。しかも，空いている座席をいち早く発見して，そこに素早く移動するという判断も必要になってきます。席が取れなければ，自分が声を上げる担当となります。

きちんとルールを守れるように指導できると，誰もが主役でそれでいて誰もが集団で遊ぶことの楽しさを感じ取れるようになります。

ルールを守って，みんなで協力してゲームを成立させる経験が豊富ならば，その楽しさを与えてくれる集団を大切にします。集団のルールを守る心地よさを体得させることができます。遊びを仕組むとき，保育者がこうしたことを意識して取り組ませても，何も考えず取り組ませても，子どもの活動状態は見た目には何も変わりません。しかし，ちょっとしたことばがけやフォローのことばは，子どもの成長にとって大きな影響があります。子どもの心のなかに所属観や連帯意識など，人として生きていくための社会性を培うことが求められていることを自覚して指導をしていくことが保育者の責務でもあるのです。

 小学校とのつながりのなかで

「その活動を通して，どんなことを育てようとしているのかという視点を持つ」ことの大切さを理解していただけたでしょうか。子どもをかわいいと思うことは保育の出発点です。さらに，社会人として，責任を持って子どもの成長に深くかかわっているという自覚も常に忘れないでください。子どもは褒めて認めて育てていかなくてなりません。様々な場面で子どもの心に響くことばをたくさん持てるよう経験と学習を積んでいきましょう。

保育園・幼稚園での活動は，必ず小学校につながっていきます。日々行われている保育活動のなかで，自分の実践が小学校での学びにどのようにつながっていくのかを考えていくことが大切でしょう。自信を持てない小学生が増えている昨今です。子どもたちの自尊心を育成して欲しいと心から願います。

参考文献

文部科学省「幼稚園教育要領」2008 年
厚生労働省「保育所保育指針」2008 年
文部科学省『小学校学習指導要領解説　国語編』東洋館出版社　2008 年
文部科学省『小学校学習指導要領解説　生活編』日本文教出版　2008 年
文部科学省『小学校学習指導要領解説　特別活動編』東洋館出版社　2008 年
奈須正裕「『体験』を基盤とした学びとは―確かな学力の育成を目指して」奈須正裕「体験が育てる確かな学力」『児童心理』金子書房，2009 年
内閣府「現代仮名遣い」1986 年

第7章 保育現場でのことば遊び

「子どもの生活は遊びが主体である」というように，生活と遊びは密着しています。特に乳幼児期の子どもは生活や遊びのなかで見たり聞いたり触れたりしながらことばを獲得し，楽しみながら自分の思いを伝えたり相手の考えを聞いたりしてコミュニケーションを広げ生活を豊かにしていきます。子どもの発達を見通し，子どもたちと一緒に遊びを作ったり保育者が提供したりしていくことで「ことば遊び」が充実していきます。保育現場ではいろいろな「ことば遊び」が展開されていますので，その一部をちょっと見学しましょう。

1 子どもの遊びを見学します

1.1 いないいないばぁ

乳児期後半頃になると保育者との信頼関係も深まり，保育者をさがしたり後を追ったりするようになってきます。そのような頃から保育者が顔を隠し「いないいない…」両手を広げて「ばぁ」と明るくてやさしい笑顔を子どもに向けると子どもはとても喜びます。生活のなかで繰り返し行うことで保育者との信頼関係を築くことにもつながります。

写真 7-1　いないいないばぁ

1.2　絵本をめくったり指さしたりする

『いない　いない　ばぁ』『いい　おかお』（童心社・松谷みよ子著）など，乳児にも絵本との出会いがあります。生活のなかで「いない　いないばぁ」を繰り返すたびに大人から「あら，いいおかおね」ということばが返ってくると子どもも嬉しくなります。日常のそんな経験があるので，この 2 冊は子どもたちにはとても親しみやすい本になります。大好きな保育者に読んでもらうことで絵本がどんどん好きになり自分で本を探し，保育者と一緒にページをめくったり指さしたりして楽しむようになります。

1.3　草花や虫に興味を持ち，指さしたり触れてみたりする

乳幼児は天気の良い日は近くの公園に散歩に出かけます。散歩の途中でいろいろなものに出会います。道端に咲いている小さなタンポポやその近くにいる小さなアリ，かたつむりやダンゴムシなどにも出会うでしょう。「きいろいタンポポきれいだね」や「アリさんおつかいかな？」など保育者は見て過ごすだけでなくいろいろなことばをかけることが大切です。子どものほうからも「ありさんいた」「たんぽぽ」などことばが返ってきたり知っているものを指さしたり触れてみたりするようになります。

写真 7-2　公園へ散歩

1.4　歌や音楽，触れ合い遊び，手遊びなどを楽しむ

赤ちゃんは生まれる前からお母さんのおなかのなかでいろいろな音やことばを聞いています。「胎教に良い」ということから音楽を聴いているお母さんもいます。生まれてからも赤ちゃんは，自分にとって気持ちの良い曲や楽しい音楽で，体を揺らしたり機嫌がよくなったりします。また，子守唄なども子どもにとっては心地よく，寝る前にお母さんや保育者が歌ってやることでスムーズに眠りにつくようになります。

乳児期は抱っこやおんぶをされることが多いですが，保育者が膝の上に座らせたり床に座らせたりして触れ合い遊びや手遊びなどをすることもとても喜びます。

保育者が歌ったり話しかけたりすることを，赤ちゃんはしっかりと受け止めています。授乳後に「おっぱいおいしかったね」や食事中に「かみかみごっくん」，排便後に「うんち君バイバイ」ということばかけをするとよく聞きます。生活のなかのいろいろな場面における保育者のことばかけは，乳児たちの生活を豊かにします。

1.5　ままごと遊び―ちょうだい～どうぞ―

赤ちゃんが10ヶ月を過ぎる頃，保育者と物のやりとり遊びができるようになります。おもちゃやスプーンといった生活で使うもので「ちょうだい」や「はい，どうぞ」などの，物のやりとりができるようになります。このような物のやりとり遊びが，役割交換させる遊びへと発展していきます。

1.6　まねっこ遊び

「あたま」「おめめ」「おみみ」「おはな」「おくち」のように言葉と動作を一緒に行い，子どもたちと「まねっこ遊び」を楽しみます。まずは身近な体の部分から行い，だんだん「かえる」（ぴょんぴょんはねる），「ぞうさん」（腕を象の鼻に見立てる）ことり（両手を広げ翼に見立てる）など動物を真似てみましょう。子どもたちは「まねっこ遊び」が大好きです。

1.7　砂場遊び―かして～どうぞ～ありがとう―

数人の幼児が砂場のなかで遊んでいます。スコップを持ったりカップを持ったりしてそれぞれに楽しんでいます。Aちゃんはお皿を持っていました。近くにいたBちゃんもお皿がほしくなり，Aちゃんのお皿を取ろうとして喧嘩になってしまい，2人とも泣いてしまいました。同じお皿は他の幼児が使っていてもうありません。保育者は「お皿を使ってまだ遊びたい」というAちゃんの気持ちと「お皿を貸して」というBちゃんの気持ちを汲み取り対応していました。Bちゃんに「Aちゃん使っているけど，『貸して』って言ってみようか」と言葉かけし，保育者と一緒にAちゃんに「貸して」と言ってみました。Aちゃんは自分の遊びに夢中ですが，なんとなくもぞもぞとしています。貸してあげたい気持ちもあるけど今は自分が使っているから…。保育者はA

ちゃんの気持ちを察し「Ａちゃんまだ使っているからもう少し後で『貸して』って言ってみよう」とＢちゃんに言いました。Ｂちゃんは少しの間機嫌が直りませんでした。しばらくするとＡちゃんがお皿を持って「どうぞ」とＢちゃんに貸してくれました。Ｂちゃんはお皿を受け取り恥ずかしそうに「ありがとう」と言って砂場での遊びを続けました。

1.8　砂場遊び―こんなふうにしようよ！―

年中クラスの子どもたちが，大きなスコップを持って集まって何やら相談しています。「今日は，おおきな山を作ろうか」「そうしたら上から水を流そうね」と，話がまとまり「山作り」が始まりました。子どもたちは一生懸命砂を盛り，スコップで固め山の上に少しくぼみを付けました。「○○くん，僕，水汲みに行ってくるね」「僕も行く」と，２人はじょうろとバケツを持って水を汲みに行きました。まずはじょうろで山に水をかけ，またスコップで固めます。次に，バケツで山のくぼみから勢いよく水を流すと「川ができた」「溶岩が流れているんだよ」「溶岩てなぁーに？」「溶岩はね…」などいろいろな会話が生まれています。しばらくすると，誰かが「トンネルも作ってみない」「いいねー」ということで今度はトンネル作りです。山を固め，いろいろなところから穴を掘っています。「そんなにいっぱい掘ると山が崩れちゃうよ」と誰かが言いました。

「そう，そう，この間やった時そうだったよね」「じゃあ，いくつ穴をあけることにする」「みっつがいい人　手を挙げて」「ハーイ」…。

子どもたちは，遊びの経験から意見を出し合って遊びを展開していきました。

写真 7-3　砂場遊び

2 保育者が準備する遊び

実際に保育現場で行っている子どもの大好きなことば遊びを「ねらい」や「用意するもの」「遊び方」の順で紹介します。

2.1　クイズ　これはだれかな

絵カードや変身するお皿を使って人や動物の名前を覚えていきます。少人数のグループやクラス全体で楽しめます。生活の身近にいる人や動物や事柄を取り入れて，子どもたちからことばが発せられるように工夫します。

ねらい

・ことばに興味が持てるように，絵カードや変身するお皿遊びを楽しみます。

用意するもの

・絵本

・絵カード

・変身するお皿

写真 7-4　紙皿

遊び方

変身するお皿　これはだれかな

保育者は紙皿を少しずつ回しながら

♪これはだれかな　あててみてごらん

これはだれかな　あててみてごらん♪

と歌い，子どもたちの様子を見て途中でとめたり動かしたりしながら答えを聞いてみます。すると子どもたちは，ひとみを輝かせ少しずつ変身していく紙皿を見つめながら，頭のなかで何に変身していくかを思い巡らせたり近くの友達と「あれだよね」「うん，うん，そうだよね」などワクワクドキドキしながら話したりして人やものの名前を考えていきます。紙皿が回り正解のものが出てくると「やっぱり」「良かった，当たっていたよ」などのことばが交わされ，コミュニケーションも広がっていきます。

2.2 クイズ　ピコピコテレパシー

ピコピコテレパシーとは，絵カードを使ったクイズです。袋のなかに絵カードを入れて，同じ種類を当てっこします。○や×で答えるのでゲーム感覚でスリルを楽しめます。

ねらい

・もののの種類に興味を持ちます。

・ゲームを楽しみながら，ものの種類（食べられるもの食べられないもの等）が分かるようになります。

用意するもの

・絵カード

・袋

遊び方

・袋のなかに食べられるものと食べられないもののカードを入れておきます。保育者は，

・「この袋のなかのものは食べられるものか食べられないものか，みんなのテレパシーで感じとってください」

・「出できたものが食べられるものであれば○のポーズをした人が当たり，×のポーズをした人はハズレとなります」

・「反対に，食べられないものであれば×のポーズをした人が当たりで○のポーズをした人はハズレになります」

・みんなで振りをつけながら歌をうたい，最後の「ハイ　ポーズ」で○か×のポーズをします。

と，ゲームのルールを説明します。

そして，

♪おいしいものは○　○　食べられないもの×　×

　ピコピコピコピコテレパシー　いち　に　さんで　ハイ　ポーズ♪

と歌い，子どもたちのポーズ（○×）を確かめながら袋のなかからカードを取り出します。「やったー！　当たった」「よかったね」「あーぁ……」など，いろいろなことばや会話が出てきます。

・何回か繰り返しみんなで楽しみましょう。

写真 7-5　ピコピコテレパシー

2.3　クイズ　これは何かな？　あててみてごらん！

やはり絵カードゲームです。今度は，穴から見える一部分の絵から想像して絵を当てていきます。遠足のバスのなかや「誕生会」などのお楽しみの一つとして楽しめます。

ねらい

・穴から見える一部の形や特徴から想像して，そのものの名前を当てて楽しみます。

用意するもの

・四つ切りの黒の画用紙を5枚用意し，直径8cmくらいの穴をそれぞれの画用紙に1，3，5，7，10と開けておきます。その時穴が重ならないように注意して開けます。四つ切りの白ボール紙を台紙にして短い辺の一つに，穴をあけた黒画用紙を重ねてテープではり，1枚いちまいめくれるようにします。

・乗り物や身の回りにあるもの，人や動物など子どもが興味関心のあるものをいくつか選び，四つ切り画用紙に大きく描きます。

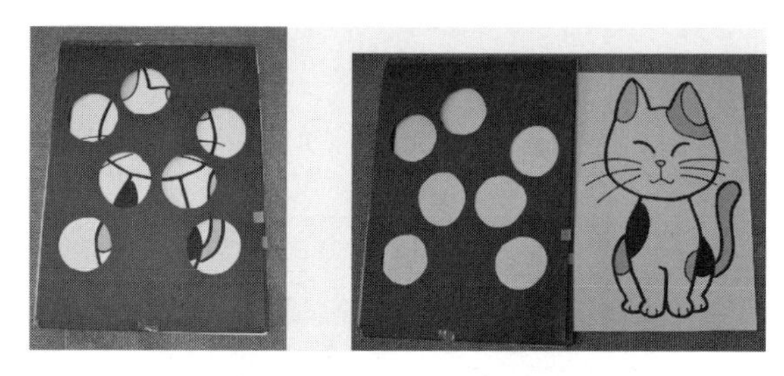

写真 7-6　これは何かな

遊び方

保育者は，

・台紙（白ボール紙に穴のあいた黒画用紙を貼ったもの）の一番下に絵を描いた用紙を挟み，１つの穴からその絵の一部が見えるようにする。

♪これはなになかな　あててみてごらん

これはなにかな　あけてみてごらん♪

と，歌いながら１枚目の絵を見せます。

・子どもたちはそれぞれに自分の思うものの名前を言います。

・２枚目３枚目とめくりながらそれぞれ子どもたちの答えを聞きながら５枚目まで行いましょう。

・最後に全部めくり正解を確認しあいます。

この遊びのなかでは，頭のなかでものの名前を探し出したり友達と会話をしたりしながら楽しんでいる子どもたちの姿が見られます。

2.4　ビンゴゲーム

大人もおなじみのビンゴゲームです。子どもたちは，身近なものを題材にゲームをします。例えば，最初は「カラービンゴ」で色の名前に親しみましょう。

ねらい

・ビンゴゲームのルールが分かり，列が揃うまでのわくわく感やドキドキ感を楽しみます。

・色の名前に親しみます。

用意するもの

・ビンゴカード（３×３のマス目を書いておく）

・クレヨン（あか・あお・きいろ・みどり・ピンクの５色を使う）

・5色それぞれの色を塗った割り箸とそれを入れる缶

遊び方

・保育者はビンゴカードの九つのマスのなかに自分の好きな色（5色のなかの何色か）で○を描くように子どもたちに伝えます。
・保育者が缶のなかから割り箸1本を引き抜き，塗られた色を子どもたちに伝えます。
・子どもは，ビンゴカードのなかに言われた色があったら黒のクレヨンで印（丸など）を付けます。
・数回行ってビンゴカードの縦・横・斜めそれぞれどこかの列にふたつ印が付いたら「リーチ」みっつそろったら『ビンゴ』で上がりになるというルールを話します。

2.5　伝言ゲーム

ことばや文章を人に伝えるゲームです。まず身近なものの名前から始めましょう。年齢が大きくなるにしたがって，少し長いことばにしていきます。

ねらい

・聞いたことばを仲間に伝えることを楽しみます。
・伝言ゲームのルールが分かり，少し長いことばに挑戦してゲームを楽しみます。

遊び方

●年少向き

・数人で丸くなって座ります（人数が多い時はグループに分かれ縦列に座る）。

・身近なもの（りんご・バナナ・みかんなど）が描いてある絵カードの一枚を先頭の子どもに見せ，先頭の子どもが次の子どもに絵カードの名前を耳打ちします。耳打ちしながら伝えることを順に行い，最後の子どもは声に出して言います。

・伝言したことばが絵カードとあっているか確認し合いましょう。

※年中，年長になると短いことばならば，クラス全員で伝言できるようになります。

●年中・年長向き

・数人で丸くなって座ります（人数が多い時はグループに分かれ縦列に座る）。

・文字カードを使って（例いぬとねこ・キツネとタヌキ・きょうはあめなど）。

・文字カードを先頭の子どもに見せ，先頭の子どもが次の子どもに絵カードの名前を耳打ちします。これを順に行い，最後の子どもは声に出して言います。

・伝言したことばが文字カードとあっているか確認し合いましょう。

2.6 しりとり遊び

しりとり遊びは，どこでもできる楽しいことば遊びです。ことばをよく知らない子どもでも，保育者が身近な物を絵カードにしておくと楽しく遊ぶことが出来ます。最近では「しりとりカルタ」が市販されていますので，上手に保育に取り入れていきましょう。

ねらい

・ことばに興味・関心が持てるようになります。
・なまえの最後の文字から始まるなまえを探し，みんなでつなげていくことの楽しさを味わいます。

遊び方

① カードを子どもたちに配ります（カードの枚数により参加人数が決まります)。
② ジャンケンで誰から始めるかを決めます。
③ 最初の子が，描いてあるものの名前を言いながらカードをおきます。
④ 名前の最後の文字から始まるものが描いてあるカードを持っている子は，カードに描いてあるものの名前を言いながらカードを前のカードにつなげて置いていきます。
⑤ ④を繰り返し行います。

最初はカードに頼っていた子どもたちも徐々に自分たちでルールを作ってしりとり遊びをするようになります。

しりとり 「幼稚園のなかにあるもの編」

ピアノ⇒のり⇒りぼん 「あっ！」「“ん” がついたら１回休みだよ」

次の人どうぞ

り　り　り「りんご」「幼稚園にりんごはないよ」「今日のお弁当のデザートは　りんご　でーす」なんだか楽しそうにしりとりが進んでいます。

しりとり「花のなまえ編」

なのはな⇒なでしこ⇒コスモス⇒すみれ⇒れんげ　げ　げ　げ…「げのつく花なんてないよ」「本当にないの？」「調べてみようか」ということで，図書室の植物図鑑を広げました。子どもたちがいつも広げている植物図鑑には「げ」のつく花のなまえはありませんでした。

次の日，１枚の用紙を持ってあっちゃんが走って登園しました。

なぞなぞをしていた仲間たちを集めてワイワイ話し込んでいます。

「げのつく花のなまえあったよ」「昨夜お父さんにパソコンで調べてもらったんだ」「見て　これ　ゲンジすみれっていうんだって…」

あっちゃんとしりとり仲間たちは，用紙にプリントされたいくつかの花を見ながら話が盛り上がっていました。

子どもの遊びは１つところにとどまらずいろいろなところに広がっていきます。この「しりとり遊び」も最初はことばのつながりを楽しんでいましたが，それだけでなく「探す」というところまで発展していったようです。

2.7　なぞなぞ遊び

なぞなぞは，どこでもできる楽しい遊びです。保育者がなぞなぞを子どもたちにしてみます。ことばで話すことから始めてみましょう。子どもたちが保育者の顔を見て話をきちんと聞いているか，内容を理解して答えているかを把握しながら遊びを進めていきましょう。小さい子どもには簡単な質問で答えが返ってくるようにしましょう。なぞなぞ絵本やなぞなぞカルタも活用しましょう。

ねらい

・保育者の話をよく聞き，ものの全体像をイメージしながら名前を探すことを楽しみます。

用意するもの

絵カード（身近なもの　カエル・ねこ・ゾウなど）

遊び方

① 保育者はカードを子どもたちに見せないようにし，カードに描いてある物の特徴を伝える。

例　カエルの場合…私は水の中を泳ぎますが，時々陸に上がってぴょんぴょん跳ねます。なーんだ

② 子どもたちがものの名前をイメージしていろいろな名前を言います。

③ いろいろな名前が出そろったところでカードを子どもたちに見せて正解を確認し合いましょう。

2.8 オリエンテーリングゲーム

仲間と協力して行う，オリエンテーリングゲームです。実際には，探しものゲームです。広いところに準備しましょう。子どもたちは，元気に「ここにはあるかな？」「あれはどうかな？」なと声をかけ合って探します。

ねらい

・仲間と協力しながら，ゲームを楽しむことができます。

・身の回りにあるものに目を向け，クイズの回答を探し当てることを楽しみます。

用意するもの

・オリエンテーリングカード

適当な大きさの画用紙に課題を描いておく。

課題　例）①　○　△　□の形のものを見つけてみよう。

②　あか　あお　きいろ　のものを見つけてみよう。

③「あ」のつくもの，「か」のつくもの，「た」のつくものを見つけてみよう。

遊び方

・園庭や公園に出かけオリエンテーリングカードを配り，グループごとまたは数人で課題のものを見つける（この時に先生の見える範囲のなかで探すことや自分勝手に動かないことなどルールを決めておく）。

・みんなで集まってどんなものが見つかったか発表しあいましょう。

「先生　○はね　蓮華亭のなかの時計　△はこの石　□は　長い□だったらモノレールを見つけたよ」とＡグループが言いました。

「私たちは，あかはこの葉っぱ　もみじっていうの　黄色は銀杏でしょあおは　なかったんだけど見つけたよ　見て　見て（と人差し指を向けて）空でーす」とＢグループ。

第8章 お話作りと児童文化財・保育教材

この章では，子どもの想像力を伸ばすために，子どものお話作りと絵本作りについて，その意味や大切さに触れていきます。次に児童文化財，保育教材，遊具，玩具の一般的意味を確認し，表現活動のために保育に役立てることのできる保育教材を取り上げます。

保育者は，一人ひとりの子どもや子ども集団のための保育教材を準備し，活用し，子どもたちが普段からお話に触れる機会を持てるように準備します。それは，特別なものではなく，子どもたちが遊んでいる絵本やおもちゃのような教材から，保育者が行うミニシアター（紙芝居，パネルシアター，ペープサート，テーブルシアターなど）のような視聴覚教材等です。代表的な保育教材である「おもちゃ」「絵本」「ミニシアター（紙芝居，テーブルシアター，ペープサート，パネルシアター）」等の，その役割や種類を確認し，保育で活用するにはどうしたらいいのかを説明し，実践するための手引きとします。

1 子どものお話作り，絵本作りの意味

1.1 子どものお話作り

子どもは，4，5歳ともなると，ごっこ遊びのなかで自分なりの“お話作り”を始めることが観察されます。遊びながら空想して自分のお話を作っています。私の子どもが4歳頃のことです。洗濯バサミを振り回しながら空飛ぶ恐竜

と見なして，洗濯バサミを持つ手を振り回し，「ガガガガ…」とうなり声を上げていました。そのうちに恐竜（洗濯ばさみ）が口を広げ襲いかかってきて自分の体や手を噛みつかれながら逃げ回る光景を目にしました。子どもの頭のなかでは壮大な物語が展開していることがうかがわれます。その姿はほほえましくも滑稽な姿に見えましたが，本人は真剣に物語のなかにいますから，夢中で転げ回っていました。それを見ながら子どものお話作りは，小さいときから始まっていることに気づきました。それは，自分の思いを表現することで人格形成上，大きな意味があると考えました。子ども自身がお話を作ることが，ことばや心の成長によいのではないかと思ったのです。

1.2 お話作りの効果

お話作りの今までの研究では，幼児がどの程度物語を理解し作れるかという認知的な側面に注目したものでしたが，お話作りには情緒的側面が備わっていて，お話作りには人の心を活性化する力があると考えます。Nelson，K.（1992）は，子どもに自己を物語りたがる強い動機が内在しているといいます。そしてBrnuner，J. S.（1989）は物語ることが思考なのであり，物語るということは体験的記憶の単なる再生とは異なると述べています。つまりお話作りは，個々の体験的記憶を物語としてまとめることにつながります。その過程で，子どもたちは記憶の再構成を行い，自分の経験を絵本に表現して，その意味を確認します。言い換えれば，子どもたちは自分を再発見していると言えるのです。

1.3 絵本作りの意味

私たちは，子ども，学生，親，親子，子どもと学生での絵本作り活動を行っています。特に子どもと大人（親・学生）とが一緒にする子どものための絵本作りを実践してどのような効果があるのか探っています。実際に私たちが行った親子の絵本作りで観察されたことは，子どもたちが絵本作りに強い興味を示し活動を楽しめたということでした。その時には，子どもだけでなく親も一緒に手伝いながらお話を聞き取り，真剣に取り組む様子を示しました。幼い子どもは，上手にお話を聞き取り，お話作りを支援してくれる大人がいると，いろいろなヒントを与えられて，お話作りをのびのびと展開できるようになりました。また大人に自分のことを真剣に聞いてもらったと満足することは，精神的発達全体に大きな意味を持つものと考えられます。子どもは大人のように字で表現することができませんが，それでも絵で自分の思いを表現することができます。子どもが絵で表現し，大人がその子の物語を聞き取る，そこからさらに子どもが物語を膨らませ，一つの絵本作品を完成することができます。そういう意味で絵本はとても子どものお話作りに合っていると考えます。

1.4　大人と作る意味

そうはいっても，子どもは物語を作る上で，お話作りを途中で自己チェックする機能が弱い，お話作りにおける素材についての知識が少ない，思いを言語化しにくい等の限界があると田島啓子（2003）は指摘しています。内田伸子（1982）は，幼児は大人とほぼ同じように物語を作ることができるが，大人よりも簡略な物語になってしまうと述べています。そこで，大人が寄り添うなかで物語を作ることが必要です。そのことによって自己チェック，素材の吟味，思いの言語化における困難さがカバーされます。また，大人がかかわることによって，自分一人ではたどり着けない豊かな表現を生み出し，さらに大人によって示された素材からイメージを膨らませることができます。大人にとっても，子どもと一緒にお話作りをする影響は，その過程で，子どもの気づきや思いに寄り添うこととなり，子どもとより深い関係が築けるという大きな意味があると考えます。大人が子どもを理解し，子どもと深い関係を築くことで，大人はその子に合った素材を提供することができ，子どももお話作りが展開しやすくなります。また，親が子どもの絵本作りに寄り添う場合にはその子にとって特別な材料である，その子の服や写真，お絵かき作品のコピーなどが，子どもの心を刺激します。まさに，子どもと大人の共同作業が実現するのです。

児童文化（財）と保育教材

2.1 児童文化（財）

「児童文化（財）」という名称は，日本独自のことばです。「児童文化（財）」は，玩具や大学の授業の名称のような有形，無形なものや考え方や活動に幅広く使われているため定義することは難しいです。しかし，少なくとも子どもの文化（財）ということが言えます。「児童文化」は，戦後「子どものため」の視点が希薄だった時代に，子どもに意識を向けるために推し進められた活動や，それにかかわること全般を示しました。その名の下に児童福祉や子どもの文化財環境改善のために，学生や児童福祉関係者による「児童文化サークル」等の各種文化活動が，全国に推し進められていきました。地道な活動であっても「児童文化」ということばが定着するとともに，その質が高められてきたことは，現在の保育界に大きな功績をもたらしました。

児童文化財ともなると，「玩具，絵本，童話，紙芝居，人形劇，指人形，影絵，ペープサート，劇遊び，歌，踊り，テレビ，マンガ」等，多種多様です。

2.2 保育教材

保育教材は，児童文化財のなかから，保育者によって保育をするために選ばれて活用されるものと言えるでしょう。「教材」はひとつの物の名称ではなく，保育のために活用する物のことをさして言います。子どもから見ての「おもちゃ」は，保育者側から見ると「教材」となります。

小学校以上の教育の場では，教科書を使用して学習しますが，保育現場では一般的には教科書を使用せず，遊びを中心に保育を行うため，学校でいう「教材」と分けて「保育教材」ということにします。

保育を行うために，保育教材は必須のものです。保育者は日々保育の準備をしていますが，それは保育教材の準備といってもいいものです。保育教材は市販されていますので，上手に活用するといいでしょう。しかし保育教材のほとんどは，保育を担当する保育者が自ら考え作成します。それは，子どもたちの遊びに使うものですから，子どもの今の状況や遊びの内容をよく知っている保育者自身が子どもに合わせて作った方が良いからです。

2.3　玩　　具

玩具は，保育教材としてよく使われます。それは玩具が遊びの道具だからです。しかし，身近にあるだけに「玩具」について考えたり調べたりすることがないかもしれません。そこで玩具について学びましょう。

玩具は，「がんぐ」と「おもちゃ」と二通りの読み方をします。現代では微妙な意味合いで使い分けています。そこで玩具「(がんぐ)，(おもちゃ)」の由来や一般的意味を確認していきましょう。また，日本の古来からある「郷土玩具」や障害のある子もない子も一緒に遊べる「共遊玩具」についても触れていきます。

(1)　玩具　「がんぐ」と「おもちゃ」

「玩具」について，『現代保育用語辞典』（フレーベル館，1997）と『遊びの大辞典』（東京書籍，1989）では次のように書かれています。玩具は，子どもの遊び道具のことを総称し，日本語では「おもちゃ」という場合も多く，「もち（て）あそび」という語源的意味合いをふまえ，子どもが手で持ち遊べるほどのものを指しています。明治期に入り，日露戦争の頃に国語統一運動が起こり，語りことばが「おもちゃ」，書きことばが「玩具」となりました。しかし，第二次世界大戦中「玩具」の文字は「玩」の字が「もてあそぶ」のように，さいころや女性をもてあそぶ意に通じるために適正ではないと判断され，おもちゃ類に対する全国的な統一機関であった社団法人日本少国民文化協会から，「遊具」の語を使用する通達が出されました。しかし第二次世界大戦の敗戦を迎えると，そのような通達はなんら効力を発揮せず，明治時代から親しまれてきた「おもちゃ」「玩具」のことばが現在でも使われています。

現在では，玩具は「がんぐ」と「おもちゃ」全般の意味合いを含め，娯楽の道具で使用されますが，娯楽用品でも普通は持ち運びできるサイズのもので，それ自体を興味や遊びの対象として完結して取り扱われるようなもの，と特徴づけられます。

広義には娯楽の際の物品全般を指し，例えばオートバイや自動車でも趣味に使うようなものを指して「玩具」という場合も見られます。傾向として子ども向けに設定しているものを「おもちゃ」と呼び，子どもの「遊び」のため使用されるものを指します。さらに「おもちゃ」のなかには，一定の教育的な目的で作られたものがあり，それらは知育玩具と呼ばれます。今日ではパソコンの普及から電子ゲーム等の，特別な意味合いや位置付けを持つ玩具類が多くなってきています。

現在でも，「おもちゃ」の意味のなかに「粗末に扱うこと」等，「玩」の字が「もてあそぶ」であるため，本来の意味合いとは違って使われることがあります。日本のおもちゃは紙や草で作られ，壊れやすかったことにも起因しているようです。それに比べてロシアでは，「おもちゃ」=「粗末なもの」という意味合いはないと東京おもちゃ美術館の館長である多田千尋氏は「おもちゃコンサルタント養成講座」のなかでお話しされていました。ロシアの代表的なおもちゃ「マトリョーシカ」から察するところ，それらは高級木材で作られ，親から子と受け継がれるほど丈夫で高級感があります。ロシアではおもちゃに対する意識や文化が高かったのでしょう。生活にいろいろな道具があるように，おもちゃは「遊びの道具」です。人はその道具を活用して豊かな生活の実現を目指しています。日本のおもちゃ文化を高めていくことが，子どもの表現活動のための環境作りとなると考えます。

(2) 郷土玩具

江戸時代は現代と違い，医療設備や，衛生事情が良くなかったため，玩具は子どもを喜ばせる「おもちゃ」の役割と人々の思いを祈願するもので神仏にお願いする役割がありました。郷土玩具には，子どもの無病息災を願うというメッセージを込められていました。そのような意味を持つ「さるぼぼ」や「起き上がり小法師（おきあがりこぼし）」などの郷土玩具が現代にも伝わっています。

「さるぼぼ」は，飛騨高山がある岐阜県飛騨地方で昔から作られていた人形です。江戸時代，飛騨は山深く，気候は寒いし，耕作できる土地は狭い上に痩せていて，租（年貢）が出せないので，男は雑徭（宮大工）として都に駆り出され（これが後に飛騨の匠として，町屋造りや屋台などに大きな影響を与えた），少ない人口がそのために減って人手不足となりました。残った女子は，細々と暮らしていました。昔は流行り病が多く，特に天然痘が恐かったのですが，赤い布は天然痘予防になるということで人形を赤い布で作ったそうです。その赤い人形が，まるで「猿の赤ちゃん」みたいだったので，「さるぼぼ」というようになったそうです。「ぼぼさ」と言うのが，飛騨では赤ちゃんを意味するのだそうです。お守りとして大事にされた玩具です。「さるぼぼ」に込められたメッセージは，「災いが去るように」という願いです。この時の「猿」は，訓読みの「サル」が由来となっています。また「家内円満・良縁・子縁」という願いが込められています。この時の，「猿」は，音読みの「エン」が由来となっています。また，「子宝・安産」という願いが込められています。この場合は，猿（犬が一般的）は安産であることが由来となっているようです。人々の様々な心が秘められた人形といえます。

「起き上がり小法師（おきあがりこぼし）」は，福島県会津地方に古くから伝わる縁起物であり，郷土玩具の一つです。起姫ともいい，稚児をかたどった可愛らしさで，会津地方ではこの小法師を「十日市」という毎年1月10日に行われる縁日で，家族の人数より1つ多く購入し1年間神棚などに飾ります。達磨（だるま）と同じ構造で，本体中心下部におもりを入れる事により「倒しても起き上がる」ようになっています。何度倒しても起き上がる事から「七転八起」の精神を含み，縁起物として「無病息災」「家内安全」など願掛け人形の役割があります。色は顔の部分が白で，下半分の胴体は赤です。頭部および眉・目・口は黒で描かれていますが手作りのため，それぞれ表情が違うので，温かみが感じられます。

⑶　共遊玩具

みなさんは，「共遊玩具」ということばを聞いたことがありますか。私は，数年前に，共遊玩具の活動に携わるタカラトミーの高橋玲子さんからお話を伺いました。高橋さんは目が不自由な方でしたが，「共遊玩具」について原稿を見ずに1時間半にわたっての講義をしてくださいました。「共遊玩具」のなりたちは，1980年にさかのぼります。トミー（現タカラトミー）の設立者が，「全ての子どもたちに夢を与える」という遺訓を遺されたとことです。この「全ての子どもたち」のなかには，文化の違いや貧富の差，そして障害のあるなし，ということも含まれていました。そこでトミーは，障害のある子どもたち向けのおもちゃを専門に開発する「ハンディキャップトイ研究室」を社内に設置しました。この取り組みは1社にとどまらず，玩具業界に呼びかけ，日本玩具協会に提案しました。1990年3月に，日本玩具協会に「小さな凸」実行委員会（現在は「共遊玩具」推進部会に改名）が発足し，以降は，日本玩具協会が中心となり，共遊玩具の普及，推進活動を行っているそうです。具体的な活動としては，日本点字図書館の協力のもと，目の不自由な子どもたちへの配慮点を検討し，ガイドラインを作成しました。このガイドラインの基準を満たす玩具を，「晴盲共遊玩具」（せいもうきょうゆうがんぐ）と呼び，パッケージには「盲導犬」として活躍するラブラドール・レトリバーをデザイン化した「盲導犬マーク」を表示しています。また，1997年には，「耳の不自由な子も一緒に楽しめる玩具」の配慮点に関するガイドラインを作成，これに基づいた玩具には，「うさぎマーク」を表示しています。

「盲導犬マーク」は，1992 年，オーストラリアで開催された国際玩具産業協議会において「国際共通マーク」として承認され，1993 年からはイギリス，アメリカ，スウェーデンで，「目の見えない子どもたちが楽しく遊べる推薦おもちゃ」のカタログが作られるようになりました。共遊玩具の活動は，今や日本だけではなく，おもちゃのユニバーサルデザインとして，世界に広がろうとしています。

共遊玩具開発の途上では，障害のある子どものための専用のおもちゃを開発していたそうです。例えば，中に鈴を入れて，転がっているときは音がするボールがあります。しかし，動きを止めたとたんに音がしなくなってしまい，これでは目のみえない，特に小さい子どもは，自分でボールを探すことが難しくてボール遊びが楽しめません。このことを考慮して，振動センサーつきのメロディーチップを入れた，音がしばらく続くボールができました。その他にも，駒がずれないように工夫したボートゲームなど，目の見えない子どもたち向けのおもちゃが開発されました。しかし，障害児のためにデザインされたものは，少量生産で値段も高くなってしまいました。高橋さんらは「特別なものを作ろうとするからコストがかかる」ことに気づき「普通に作るおもちゃにちょっと工夫をする」という考えから，だれも（障害のある子もない子も）が一緒に遊べる「共遊玩具」という新たな発想の玩具を生み出しました。

2.4　遊　　具

玩具のイメージには入れにくい大型のものや，幼稚園，保育所の園庭や児童公園あるいは遊園地などに設置されるものを，一般には「遊具」と呼びます。遊具は，大型のものが多いだけでなく，運動を前提に作られています。公共性の高い遊びの場である，公園や学校施設（小学校・幼稚園・保育所など）に設置されています。地面に固定されている遊具をあえて固定遊具と言います。個人の持ち物ではないこともあって，複数の利用者が共有する形で利用されるものが大半を占めます。

また利用方法に関しても，体全体を使って使用するものを指します。所定の遊び方や動作によってのみ利用される玩具とは異なる傾向も見られます。これら遊具では，一定の使い方がありながらも遊ぶ側が主体となって，様々な利用方法が存在します。幼児や児童の場合，体を動かすことで運動機能が向上し工夫するので，心身ともに健全に育つ事が期待されるため，遊具は，子どもたちに遊びを通して運動する場を提供することを目的に設置されています。また，室内で移動式の遊具が使用されることもあります。遊具といえば，以前は砂場，ブランコ，滑り台などが基本でしたが，最近では木で作られた総合遊具など，色合いも美しく，より活動的で魅力的な遊具が見られるようになりました。

2.5　保育教材の安全性

おもちゃは，幼い子どもが使用するため触っても安全なように配慮して作られています。日本では安全な玩具にはST（セーフティ・トイ）マークが付けられます。これらは構造上の安全性や機械要素のもつ耐久性，素材や塗装などが毒性がないことなど，想定される，あるいは想定外の使用法によっても負傷することのないような配慮がされているかどうかがその認定において考慮されます。

遊具は子どもたちがそれにかかわることで体を動かして喜んで遊べるように工夫され設計されています。その一方で運動には怪我が付きものとなるため，遊具の設計には安全性への配慮が施されていることが基本です。とはいえ遊びに夢中になる子どもは，想定外の利用方法を考案し，設計者の意図を越えて利用して負傷することも珍しくありません。使用の際は，付き添っている大人の安全指導が必要です。

参考文献

Nelson, K. "Emergence of autobiographical memory at age 4". *Human Development*, 35: 173-177, 1992.

Bruner, J. S. & J. Lucariello, "Monologue asnarrative of the world." In K. Nelson (ed.), *Narrative from the Crib*, Harvard University Press, 1989.

内田伸子「幼児はいかに物語を創るか？」『教育心理学研究』1982; 30(3): 211-221.

田島啓子「物語能力の発達，幼児期から青年期にかけて何が発達するのか」『日本女子体育大学紀要』2003; 33: 91-99.

岡田正章・千羽喜代子・網野武博・上田礼子・大戸美也子・大場幸夫・小林美実・中村悦子・萩原元昭編『現代保育用語辞典』フレーベル館，1997年

増田靖弘『遊びの大辞典』東京書籍，1989年

「目や耳の不自由な子供たちも一緒に楽しめるおもちゃ　共遊玩具」日本玩具協会，2008カタログ

第9章 保育教材を活用するために

この章では,「おもちゃ」「絵本」「ミニシアター」等を活用するために,その基礎的知識を学びましょう。子どもが遊ぶ玩具全般を「おもちゃ」ということにします。

保育は「遊びを通して行うものであり,子どもの遊びは学び」です。保育教材を対象となる子どもの個人差や保育内容に焦点をあて,保育に応じた準備をします。準備は保育者自身が作ることも含まれています。保育者自身が作る保育教材は,対象となる子どもたちの状態によって内容を微妙に変えることができ,また使用した後に必要に応じて改良することも可能です。保育の場で保育教材を選び,準備するのは保育者です。保育は教材準備からと言われるように,保育者自身の感性と力量が大きな鍵を握ります。

1 おもちゃ

1.1 おもちゃの役割

赤ちゃんは,手足をバタバタと動かし,近くにある物をつかんだり離したりして,自分の置かれた環境に飽きることなく働きかけます。これが人間の遊びの始まりです。幼児の場合も足や手の発達によって自分の好む場所に移動し,自ら積極的に環境にかかわり,刺激を受けて遊びます。

遊びのなかで,子どもたちに大きな刺激を与えるもののひとつに「おもちゃ」

があります。おもちゃは保育教材として大きな役割を担っています。

みなさんにも経験があると思いますが，おもちゃで遊ぶことは，心を揺さぶる楽しい多彩な経験です。子どもたちが遊びのなかで，驚きと喜びを感じて出会う体験から新しい関心がめばえ，自ら探求していく態度につながります。遊びを通して，「なぜだろう」「どうしてだろう」と不思議に思う事象に心を寄せます。友達と一緒に遊びを楽しんだり，葛藤が生まれたりするなかから人間関係や人間性の基礎を育むことになり，そのことは，大切な人格の土台となります。

さらに，おもちゃは，子どもから高齢者までの福祉や医療の分野でも大きな役割を果たしていることが分かります。おもちゃは，人の健康，幸せを担う役割を持っているからだと考えます。おもちゃについて，⑴ファーストトイ，スキンシップトイ，⑵コミュニケーションを豊かにするおもちゃ，⑶人生を豊かにするおもちゃ，⑷手・指の運動の発達を促すおもちゃ，に分類し説明します。

⑴　ファーストトイ，スキンシップトイ

◇いないないばあ

最初に人間が出会うおもちゃを「ファーストトイ，スキンシップトイ」と名付けます。赤ちゃんに親や親しい人が「いないないばあ」をすると，声をあげて笑ってくれます。手・顔・声を結合して「いないない　ばあ」となります。東京おもちゃ美術館の館長多田千尋氏は「ファーストトイ，スキンシップトイは母や父の手・顔・声である」と言います。「いないないばあ」は，世界最強のおもちゃであって，人の手と声と顔こそがファーストトイ，グッドトイであると言います。なぜ「いないないばあ」がおもちゃなのかを分析すると，「いないないばあ」で顔が隠れたとき，子どもは一瞬不安に思います。次に「ばあ」で顔が見えたとき，子どもが安心して笑うと話してくれました。最高の素材は，「人」なのではないでしょうか。あやす大人がいて，いっしょに喜んでくれる大人がいて，初めておもちゃのおもしろさが伝わります。

◇**ガラガラ**

実際にファーストトイとしてあげるおもちゃは「ガラガラ」です。大人が赤ちゃんのために，音を活かしてあやすおもちゃです。持ちやすいように取手を付けたり筒状になったガラガラの玩具があります。振ると音が出ます。生まれてすぐの赤ちゃんの顔の前にガラガラを右から左に移動すると目で追います。

(2)　コミュニケーションを豊かにするおもちゃ

おもちゃは，友達と楽しく遊びミュニケーションを豊かにする生活道具です。おもちゃで友達と一緒に遊びながら「なぜだろう」「どうしてだろう」という思いを共有したり心を寄せたり，遊びを楽しんだり，葛藤が生まれたりするなかから人間関係や人間性の基礎を育むこととなります。子どもたちの遊びのなかで，人とのかかわりに刺激を与える「おもちゃ」があります。

(3)　人生を豊かにするおもちゃ

おもちゃを使って遊ぶことで，心を揺さぶられるような楽しい多彩な経験が得られ，そこから新しい関心がめばえ，自ら探求していくことは，世界を広げることにつながります。それは子どもに限ったことではありません。

介護施設におもちゃを持って行った時に，老人たちがただ何をするでもなく座っていました。挨拶をしても，反応がありません。そこで，抱き人形を見せると，おばあさんがお人形を抱っこして上手にあやしながら，「よしよし，いい子だね…」と，人形に話しかけていました。また，近くにいたお年寄りたちもその姿を見て，自分の子どもの頃の思い出を話し始めました。「抱き人形に風呂敷を巻いて着せ替えて遊んだ」，「おもちゃを買ってもらえなかったのでY字型の木の枝を拾ってパチンコにした」等です。子どもの頃遊んだおもちゃを思い出し生き生きと語る姿や表情は輝いて見えました。初対面のお年寄りとの距離が近づき，コミュニケーションがとれたのは，おもちゃの力でした。これまでの人生のなかで楽しかった経験を思い出し，昔の情景を思い出すことによって豊かな気持ちがよみがえった瞬間でした。

(4) 手・指の運動の発達を促すおもちゃ

おもちゃの魅力によって，子どもは遊びを繰り返します。何度も触れることによっておもちゃが変化し，楽しい思いをして，また遊びを繰り返します。触れることで変化し，変化することがおもしろいという過程を，何度も繰り返すことで，結果的に手・指先が器用になる，ということになります。

しかし，おもちゃを手・指の運動の発達を促す等の，教育的意図を持って子どもに与えようとすると，不思議におもちゃの魅力がなくなってしまうことがあります。大人の教育的配慮があまりにも先行しすぎると押しつけがましくなるからです。目的は遊ぶ人が決めるものなのです。

1.2 おもちゃを保育で活用するために

子どもは，おもちゃに直接手を触れて遊びます。ですから安全性を十分考慮に入れることが基本です。さらにおもちゃを保育に使うために心がけるべきことを確認していきましょう。

保育に使うためには，当然，保育者がおもちゃ選びます。その基準はまず，おもちゃで遊ぶ子どもたちの興味関心や発達に合っているかどうかということです。その時に自分自身の一人よがりな評価にならないためには，優れたおもちゃに数多く接することで保育者自身の感性を磨き，良いものをみきわめる能力を養うことが大切でしょう。良いおもちゃを知ることが，良いおもちゃの持ち味や種類等，客観的な基準を身につけることになります。それには，子どものことをよく理解した上で，おもちゃに対する見方を高めることが重要です。そのためにはできるだけ多くのおもちゃを知る必要があります。その際，子どもたちがわくわくするおもちゃで遊んでもらいたいという願いを持つことが大切です。

また，自分自身が子どもの頃に好きでよく遊んだおもちゃや，その頃の情景を思い出してみましょう。その頃のわくわくした気持ちが，良いおもちゃを選ぶ手がかりとなるでしょう。おもちゃは人の感性に働きかけるものですから，自身の「根」にある感性を思い出す必要があります。

そう考えると良いおもちゃは，大人ですら夢中になって遊びたくなるようなものだと思います。それはデザインが良く，使いやすく，様々にイメージを膨らませるものであるはずです。

2　絵　本

2.1　絵本の役割

絵本は，子どもだけでなく大人にとっても，すぐに手に入れることができて，身近な存在となっています。日本人は，絵本に親しむことに優れていると言われています。1956年に月刊絵本『こどものとも』が刊行され，保育の現場から家庭に配布され，広く国民に浸透してきました。その実績は大きく，絵本の可能性は，子どもだけでなくあらゆる対象に，深く大きな影響を与えていて，読む側から作る側にまであると考えます。

幼い子どもは，文字が分からないため，絵本を読むことができません。大人が読み聞かせをして，子どもは絵を眺めて絵本を楽しみむことが一般的です。子どもは，絵本を読んでもらうことで，ことばと自分がイメージ（視覚から得た情景）することを関連付けさせ，ことばの意味を自然に取り入れ覚えていきます。そうであってもそれはことばを学習することが目的ではなく，読んでくれる大人と絵本を楽しむことが重要なのです。その結果，自然にことばを覚えていくものです。子どものことばの世界を広げるために，絵本は，大きな役割を担っています。児童文学者の松居直（まついただし）は，『松居直のすすめる50の絵本』の冒頭で，幼い頃「おかあさんに絵本を読んでもらったことを至福の一時として記憶している」と語っています。おかあさんが読んでくれた絵本について「六人姉兄弟の五番目の子どものわたくしにとって，北原白秋や西條八十（さいじょう　やそ）の童謡やごく短いお話を読み聞かせてくれたのは至福のときでした。その語る声や顔の表情，その手の動きは今も思い浮かびます」と語っています。絵本の内容を確かに記憶していなくとも，幼い頃の絵本体験は，深い思いや計り知れない意味を私たちに与えてくれると言えるでしょう。赤ちゃんのあやしかけにも同様なことが言えます。おかあさんのあやすことばや子守歌を聞く時，赤ちゃんは，ことばを覚えるというより感動を丸ごと飲み込んでいきます。抱っこの暖かさや穏やかなことばを，子守歌，優しいまなざしの中で，大人の愛情も丸ごと飲み込んで心で感じ取り，心を育てていきます。その後に絵本が登場します。絵本の読み聞かせは，抱っこをするような近い関係の中で行われます。その中で子どもは読み手と楽しいひとときを共有します。ですから関係を重視して，1 対 1 または少人数で楽しむことが望まれます。

2.2　お話の内容

絵本は，中身が絵（イラストレーション）だけで描かれていたり，主体となる絵に文字が添えられていたりする本です。絵本は，幼児や児童向けに書かれた内容のものが多いのですが，中には大人が読んでも読み応えのあるものがたくさんあります。最初から大人対象に書かれた絵本もあります。内容も，昔話・民話，行事・生活習慣，創作ばなし，自然・知識もの等様々です。昔話・民話には，昔から日本で伝えられてきたお話や世界各国で語り継がれてきたお話があります。

2.3　サイズ・形態・構造

絵本は一般の書籍以上に，形や大きさに著者の思いが込められています。内容だけでなく表紙や形も絵本の一部なのです。絵本のサイズや開き方（右開き，左開き，縦開き）の形態等，様々です。色，サイズがバラバラなのが絵本の特徴と言えるのではないでしょうか。なかには飛び出したり，型抜きがされたり，1枚に広げられたりとおもちゃの要素が取り込まれている場合もあり，本来の書籍と比べて，大きさ，構成，素材等自由度が高いと言えます。

絵本は表紙（おもて，裏，背），中身，見開きでできています。ほとんどの絵本は横開きとなっています。横開きの場合でも右開きの絵本，左開きの絵本があります。文字が縦に書かれている場合には右開き，横に書かれている場合は左開きとなります。国語と算数の教科書を比べるとわかりやすいです。縦に開く絵本もあります。

仕掛け絵本

「仕掛け絵本」は，様々な仕掛けを施した絵本です。作者のアイディアがふんだんにまたはさりげなく盛り込まれているので，これが仕掛け絵本と一概には言えないほどたくさんの種類があります。

よく見かける代表的なものに「飛び出し絵本」があります。これは，本を開くと折りたたまれて作られた造形物や，それに描かれた絵が飛び出すようになっている絵本のことです。このような折りたたみ造形物による「飛び出し」は，バースデーカードやクリスマスカードのポップアップカードにも見られます。飛び出す絵本は，各ページが折りたたまれた紙などからできていて，ページを開くことでそれらが立体的にせり出してくる仕掛けをもった絵本です。

次に「かたぬき絵本」です。ページの一部に穴を開け，ページをめくった時の意外な変化を楽しむことができます。このような仕掛け絵本は，市販のものもありますが，手作りされます。

サイズ

絵本のサイズは，まさに多種多様です。小さな絵本には，『ピーターラビットのおはなし』の15×11cmの手のひらサイズのものがあります。1971年11月に福音館書店から石井桃子の翻訳で出版されました。小さな絵本が小さなラビットの世界を存分に表現しています。また，同出版社，同翻訳者によるディック・ブルーナ作の1歳からの子どもが最初に出会う絵本としても紹介されている『ちいさなうさこちゃん』は，17 × 17cmの正方形の絵本です。大人の手のひらサイズで子どもの顔の大きさくらいのかわいい絵本です。大きい絵本と言えば，集団の子どもに読み聞かせのための大型絵本が出版されています。例えば大型絵本『おおきなかぶ』（福音館書店，作：A・トルストイ ，絵：佐藤 忠良，訳：内田 莉莎子）は，36 × 50cmです。2人がかりでないと読めない大きさです。

2.4 素　材

素材は，紙だけにとどまらず，ビニールや布で作られたものもあります。例えば，ビニールの絵本には，お風呂の中で読める防水絵本とか，点字が打ってあるユニバーサル絵本等があります。布絵本は，その名のとおり布で作られた絵本です。通常，布絵本は読むというより触って感触を楽しみ遊ぶことを目的としています。赤ちゃんのための初期の絵本として親しまれています。市販の布絵本は文字を印刷することが可能ですが，それでも紙のように物語を字で表現することには向いていません。アップリケで文字や絵を縫い込んだり，マジックテープではがしたり，ボタンを外したりして直接絵本に触らせるなどおもちゃのように遊んで楽しむことを目的とした仕掛け絵本となっています。手作りの布絵本では，家の絵の窓を開けると動物や人が出てくるクイズ式のものや，青虫を葉っぱの中から引っ張り出したりしまったりするものや車のハンドルを回すことができる仕掛けのものなど，楽しむためのアイディアや工夫が施されています。

2.5 絵本を保育で活用するために

絵本は，子どもに1対1でゆったり読んであげたいものです。そうはいっても，保育の場では，子ども集団にも読み聞かせをします。その際は，できるだけ少人数で読んであげられるように心がけたいものです。また，一人ひとりが絵本の世界に集中し浸れるように配慮することが大切です。

おもちゃと同様に絵本選びは，まず保育者自身の好きな絵本（お話）であることが基準ですが，好きな絵本なら何でもよいという訳にはいきません。保育者自身が絵本に対する見方や評価する能力を高める必要があります。評価をする自分自身の一人よがりにならないことが必要です。自身の感性を磨き，良いものをみきわめる能力を養うためには，優れた絵本に数多く接するという経験が大切でしょう。そのためには，出来るだけ多くの絵本を読む必要があります。また，絵本研究者や学識者が紹介している絵本を読んで参考にしてみましょう。また，幾世代にもわたって読みつがれてきた古典的なものや，評価の定まった絵本にふれることにより，よい絵本というものについての知識や感性を養うことができるでしょう。新しい本を評価する際も，それを優れた絵本と比べてみるとよいでしょう。

 ミニシアター

保育現場で行う視聴覚教材を，ここでは「ミニシアター」ということにします。紙芝居もミニシアターの仲間です。ミニシアターは一瞬の変化や意外性のある展開を通して，驚きや不思議な世界を味わいます。未知の世界の冒険や楽しい話，勇気や優しさにあふれた話に接して，心や気持ちが豊かになります。

3.1　ミニシアターの役割

保育者が子どもにお話をする時に素話でするよりも，パペットを使用したお話や紙芝居，テーブルシアター，ペープサート，パネルシアターを等を活用したほうが絵や人形に助けられるので，ストーリーが展開しやすくなります。ま

た，舞台設定や移動が比較的簡単なことから，どこでも手軽に演じることができます。子どもにお話をすることに慣れていない実習生には，ミニシアターの活用をお薦めします。

紙芝居と絵本は同じように保育で使用されますが，絵本は子どもが直接手に触れて読んだり，子どもと読み手の大人とが，一緒に楽しむものであるのに対して，紙芝居は劇（シアター）として保育者が演じ，子どもに視聴を楽しんでもらう教材です。これらのミニシアターは，子どもと対面で上演されます。複数の子どもたちが仲間と共有して楽しみます。演じる人も複数の場合があります。ミニシアターは，子どもと演じる人が近い位置にいて，子どもが参加しながら，または，子どもたちだけで演じることもあります。内容の種類は絵本と同様に昔話・民話，行事・生活習慣，創作ばなし，自然・知識ものなど，様々です。行事・生活習慣では，子どもたちが朝起きてから寝るまでの日常生活のきまりや習慣をわかりやすく伝えます。子どもたちが，お話を通して生活習慣とは何か理解をし，実践していくための手助けとなっています。創作話では，非現実的な‘魔法使い’や‘怪物’などが登場し，子どもたちの想像力を膨らませ，イメージの世界を作り上げる楽しさを味わうことが出来ます。自然・知識もののミニシアターでは，子どもたちを取り巻く様々な自然環境をシアターのなかから知ることができます。

3.2　ミニシアターの素材

ペープサート，パネルシアター，エプロンシアター等のミニシアターは，保育者が手作りすることが多いので，身の回りにある紙や布を材料にして作られることになります。また，子どものために作られるので，温かく，優しい親しみのあるシアターとなるはずです。そして子どもたちは，演ずる保育者の顔や表情を見ながら視聴できるのでとても安心して楽しむことができます。演ずる人もそのシアターの素材の一部となります。

3.3　ミニシアターを保育で活用するために

ミニシアターは舞台と観客が切り離されているわけではなく，演じ手である保育者の立つ位置や観客（子どもたち）も舞台の一部となります。鑑賞している子どもたちが参加しながら，お話が展開していくこともあります。子どもと一緒にかけ声を掛けたり，歌を歌ったり，クイズやゲームに答えたりして，応答する喜びが味わえます。演者は，ただ器用にセリフを言い人形を動かす人ではなく，見ている観客（子どもたち）と一緒に舞台の一部となっていきます。ですから保育者はセリフや歌の表現だけではなく，表情やことば掛け，動作などが大切になってきます。子どもたちの表情を見ながら台詞の早さや，動きのタイミング等，アドリブを活かして展開してきます。そのためには，台詞だけでなく絵の動かし方，位置の交換や組み合わせ，裏返し等，手軽に自由に演じられるように練習をすることが大切です。保育者一人から，数人でやる大がかりなものまで規模によって作品の内容を選びます。その際，ピアノ，ギター，キーボード，タンバリン等，身近な楽器で音響効果を加え，より深みのある楽しいシアターにしていきましょう。

紙芝居，テーブルシアター，ペープサート，パネルシアター，エプロンシアター等のミニシアターはそれぞれ素材や作り方は違いますが，共通して言えるのは，保育者自身が，絵を描いたり，切り抜いたり，簡単な素材を使ったりして，手作りが可能なことです。クッションで作ったクッションシアター（写真9-1）や手袋で作った手袋シアター（写真9-2）など，作り手のアイディアで楽しい保育教材となります。内容も，お話し・歌・ゲーム等にして，新しい作品を増やしていきましょう。作った保育教材は，何度でも，何年でも使用できます。子どもたちが喜ぶ姿を直接受け止められるのでやりがいが増していきます。

子どもたちはその体験を友達と共有することで，子ども同士のごっこ遊びや劇遊びに展開していきます。

写真 9-1　きゃべつとあおむし（クッションシアター）

写真 9-2　カレーライス（手袋シアター）

3.4　ミニシアターの種類と特徴等

テーブルシアター，エプロンシアター，手袋シアター，クッションシアター等のシアターは，土台となる舞台にちなんで名前がつけられています。代表的なミニシアターについて特徴等を確認します。

⑴　紙芝居

紙芝居は紙でできた平絵の芝居（シアター）です。ですから聞き手と読み手が対面になるように考案されています。絵の描かれた画面を次々と抜きながら演じていきます。複数の紙の連続画面を使って，物語を構成して演じていくものです。話し手が絵に合った台詞を読みながら，絵を一枚ずつ抜いていき，ストーリーを展開させていきます。どこでも誰でも手軽に楽しめるのが紙芝居の特徴でもあり魅力です。

紙芝居は，日本独特の文化財です。江戸時代の「のぞきからくり」や，「写し絵」からきていると考えられています。絵本研究が盛んに行われている反面，紙芝居のことは正確にはわかっていないようですが，1930年頃東京の下町に登場した街頭紙芝居が始まりだとも言われています。東京の街頭において，「街頭紙芝居」と呼ばれて公園で子どもたちは水あめやせんべいを食べながら見ました。庶民の娯楽として人気を集めたと言われています。特に，紙芝居『黄金バット』は，大変な人気をよびました。1935年に高橋五山らが幼児向けに「幼稚園紙芝居」を刊行し1938年「日本教育紙芝居協会」の設立へとつながり発展していきました。その後，敗戦の混乱のなかにあっても児童文化㈶として活躍しました。その後のテレビの波にのまれ，街頭紙芝居は消滅していきました。

しかし，今また保育現場で大変活用され，子どもたちに人気があります。また，図書館での貸し出しも盛んになり，子育て支援，ボランティア等で地域文化を担う役割を維持するようになりました。子どもだけでなく幅広い年齢層の楽しみとして，保育現場のみならず学校，病院，高齢者施設で使用されています。また，心理学の研究や学問の分野でも，紙芝居は心の問題を取り上げる教材として注目され始めています。心理劇やロール・プレイングでは，昔話に醸し出される深みのあるストーリーを通して，参加者が共通理解したり共感するための教材として，紙芝居は活用されています。

⑵　ペープサート

ペープサートは，Paper　Puppet Theater（紙の操り人形の劇場）の語尾がつまってできた日本語です（『保育用語辞典』ミネルヴァ書房による）。由来は古く，明治から大正にかけて「立絵」として，縁日や祭礼で子ども向けに演じられていました。

ペープサートの人形は，基本人形（表と裏の人形画のポーズがまったく同じで向きが逆のもの），活動人形（同一人形が違うポーズをしているもの），景画（背景や大道具・小道具を描いたもの），活動景画（表と裏の絵が異なる景画）の4種類です。

現在では，ペープサートという名で児童文化財として広く使われています。紙人形に棒を付け動かすもので，人形を折り紙で作ったり，画用紙の両面に絵を描き切り抜いたものに棒を付け，それを持って動かして遊びます。保育教材としても活用されていますし，手軽に作ることができます。例えば，子どもの絵をペープサートにします。うちわを利用すれば絵を貼るだけで簡単に作れます。子どもが自分の作ったペープサートで，劇を演じることができます。

動かし方は移動させたり，傾けたり反転させたり，裏に転画させたりして変化させます。手軽に作れ，劇として演じることが出来ます。テーブルシアターやエプロンシアターなどと組み合わせて使用することもできます。

⑶ パネルシアター

◇特　徴

パネルシアターは，布地のパネル板に，絵（または文字等）を貼ったり外したりして，お話，うた遊び，ことば遊びを行う表現方法です。紙芝居や絵本のように描かれた絵によってお話しが進むのではなく，絵がパネル式の四角い平面の舞台（パネル）の中で動きます。パネルステージの空間に登場人物や動物，小道具や，背景となる景色や風景が張り出されたり，移動したり，外されたりしながら変化し展開していきます。一つのパネルの画面で絵が変化し，物語が次々と進行していくというように，躍動感や，変化があって観ている側にとって，不思議な世界が展開されていきます。初心者から上級者までが活用でき，その表現方法は広く，教材としての価値が高いといわれています。すでにパネルシアターは，視聴覚教材として保育の分野で定着し活躍しています。

◇舞台と材料

舞台とＰペーパー（不織布）の毛羽立ちで舞台に絵が付くようになっています。パネルシアターは布地のパネル板に絵が貼られ，お話が始まります。パネルは，市販のものもありますが，基本的には手作りで，フランネル布をボードにくるみパネル舞台を作ります。

そしてＰペーパー（不織布）に登場人物や動物，小道具や，背景となる景色や風景を油性マジックやポスターカラーや水彩絵の具を用いて描いたものを切り抜いて作ります。

◇種　類

パネルシアターの代表的なものに「ホワイトシアター」と「ブラックシアター」があります。「ホワイトシアター」は，白いフランネル布のパネル式舞台を使うものです。もう一つは，黒いパネル式舞台なので「ブラックシアター」と言います。ホワイトのパネルシアターと同じ原理ですが，部屋の明かりを消し，真っ暗な中で上演されます。蛍光ポスターカラーを使うので，真っ暗な舞台に人形や背景が浮かび上がり幻想的な世界が表現できます。夜空に浮かぶ花火や蛍などが得意な世界です。

(4)　エプロンシアター

◇特　徴

エプロンシアターは，エプロンを舞台にした人形劇です。エプロンは，おかあさん，幼稚園や保育所の先生が身につけることが多いので，誰にでも身近で親しみやすく優しいイメージがあります。エプロエンシアターは，エプロンに「しかけ」があり演じ手がお話をしたり歌をうたったりして楽しむ劇です。ポケットから次々とかわいい人形や野菜や果物などの登場人物が飛び出してくることで，子どもの驚きと興味を引き起こします。保育者が実際にエプロンを着け表情豊かに台詞を言い歌を歌い，手振りや体の表現を付け，時には移動しながら演じていくので，その動作によって大きくまた繊細に場面が変化していきます。子どもたちは大喜びです。

(5) テーブルシアター

テーブルの上で劇が展開すると，「テーブルシアター」となります。例えば，テーブルの上で紙芝居をすれば，「紙芝居のテーブルシアター」と言うことになります。私が，学生と共に行うテーブルシアターは，テーブルにテーブルクロスを覆ってその上で人形劇をします。テーブルクロス１つで緑は野原，白は雪景色の設定ができます。人形は，手袋や靴下で学生自身が作っています。野原の上で「おおきなかぶ」を，雪の上で「てぶくろ」の劇をしました。

保育の場では，保育室のテーブルにテーブルクロスを掛けてその上で演じる人形劇を「テーブルシアター」と言っています。保育者養成校の学生と，テーブルシアターの人形を作って，演じ方の勉強をしています。幸い，附属幼稚園の子どもたちが近くにいますので，テーブルシアターが出来上がると，幼稚園に行って見てもらいます。子どもも学生もとても喜んで，楽しむことができ，子どもたちの反応が励みで，勉強になります。

参考文献

植草一世・馬場彩果・安藤則夫「子どもが絵本作りで発見すること」『植草学園大学紀要』Vol.5, 7-16, 2013 年

植草一世・西村正司「ロール・プレイングの発見的側面を絵本にする意味Ⅰ」『日本心理劇学会』2008 年

植草一世・西村正司「ロール・プレイングの発見的側面を絵本にする意味Ⅱ」『日本心理劇学会』2010 年

多田千尋『おもちゃコンサルタント入門１　おもちゃを使った子どもから高齢者までのケア』黎明書房　2011 年

木戸昌史『にっぽんの郷土玩具』ビー・エヌ・エヌ新社　2009 年

岡田正章・千羽喜代子・網野武博・上田礼子・大戸美也子・大場幸夫・小林美実・中村悦子・萩原元昭編『現代保育用語辞典』フレーベル館　1997 年

増田靖弘『遊びの大辞典』東京書籍　1989 年

松居直『松居直のすすめる50の絵本』教文館　2008年
ビアトリクス・ポター『ピーターラビットのおはなし』福音館書店　1971年
ディック・ブルーナ『ちいさなうさこちゃん』福音館書店　1964年
A・トルストイ『おおきなかぶ』福音館書店　1966年
高橋五山『幼稚園紙芝居』1953年
『保育用語辞典』ミネルヴァ書店　2013年
福音館書店編集部編『月刊絵本「こどものとも」50年の歩み　おじいさんがかぶをうえました』福音館書店　2005年
永松健夫，紙芝居『元祖黄金バット　懐かしの紙芝居　特別編』大空社　1995年
加太こうじ，紙芝居『黄金バット　ナゾー編　懐かしの紙芝居』大空社　1995年

第10章 保育者の表現技術　お話のはじまり

絵本作りを学生に教えていると,「どうやってお話作りを始めたらいいのでしょうか」と聞かれます。そういえば簡単に作れる人もいますが, 慣れていない人は「大変だ」という思いが強いようです。そこで, お話作りのきっかけとなるような「絵カード」「ちいさな絵本」「パペット」を教材として取り上げます。"ワーク"の手順で, お話作りをはじめましょう。

1 名前の絵カード

お話作りのスタートに, 自分の名前で絵カードを作ってみましょう。自己紹介カードになります。また, カードを使ってお話作りをしましょう。

ワーク1：名前の絵カードを作ります。

○　自分の名前を使って絵カードを作ります。画用紙の表に字を裏に絵を描きます。字は,「う」「え」というように1文字ずつでもいいし,「うえ」と何文字かをつなげてもいいでしょう。

＊作り方の説明：「うえくさはなこ」さんの絵カードを参考にしてください。

ワーク2：そのカードを使って, お話を作ります。

ワーク3：お話をしながら, 自己紹介をします。

グループを作ってみんなの前で, 自己紹介をしましょう。

作り方の説明：「うえくさはなこ」さんの絵カード

ここでは，「**うえくさはなこ**」さんの名前で絵カードを作ってみました。「**う**」「**え**」「**くさ**」「**はな**」「**こ**」カードにしました。みなさんも楽しんで作ってみましょう。子どもたちとクイズ形式でお話作りのきっかけを作ってください。

☆準備〔画用紙八つ切り，1枚程度・ハサミ・カラーペン等〕
☆作り方

① 画用紙を，作りたいカードの必要枚数に切り分けます。ここでは，5枚準備しました。正方形，長方形のどちらでも好みで準備してください。同じ大きさにそろえた方が，扱いやすいです。
② 表に字を書きます。裏にその字のついた絵を描きます。
③ カードを使ってお話を作ります。

図 10-1 「う」の字のカード

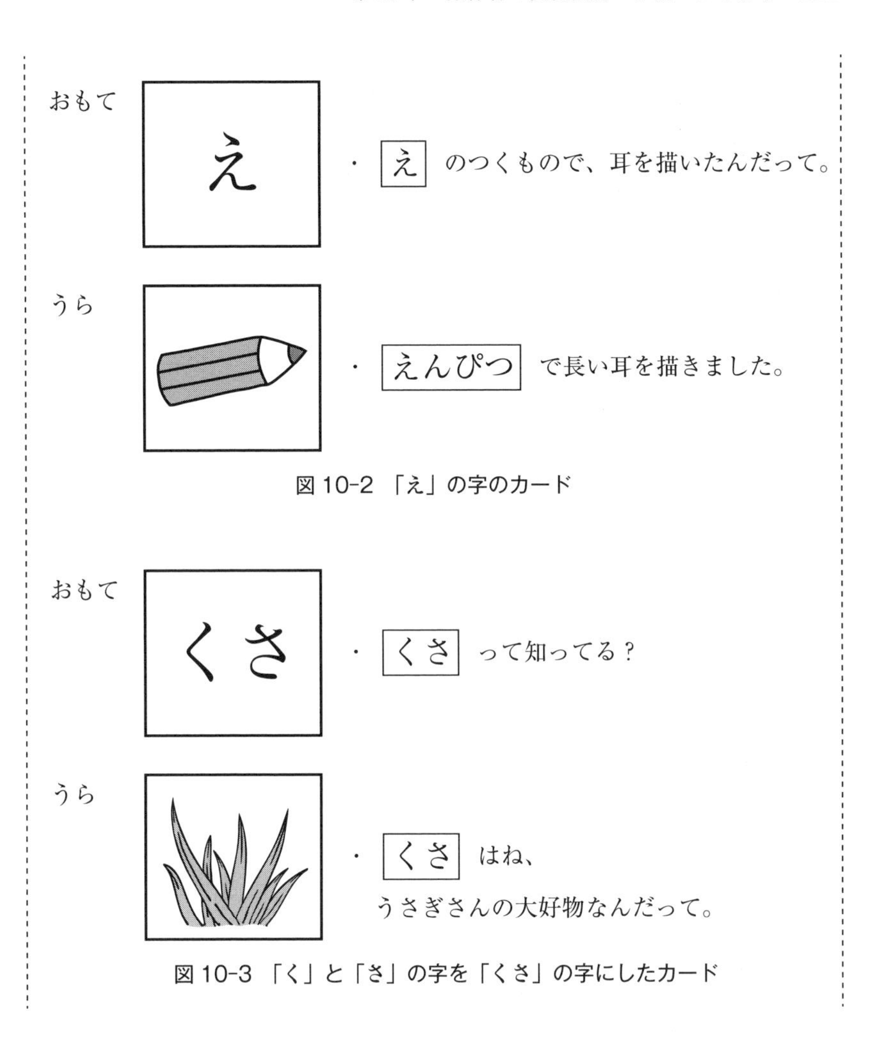

図10-2 「え」の字のカード

図10-3 「く」と「さ」の字を「くさ」の字にしたカード

おもて

はな

・ はな って知ってる？

うら

・ はな はね、
うさぎさん「きれいだから好き」だって。
かわいいね。

図 10-4 「は」「な」の字にしたカード

おもて

こ

・ こ は、はなこの こ です。

うら

・わたしの名前は、うえくさはな こ です
よろしくね！

図 10-5 「こ」の字にしたカード

応用編「ヨット」絵カード回転紙皿

(作り方の説明)

絵カードとほとんど同じ作り方でが，それを紙皿で作ると，不思議，不思議。絵や字が少しずつ現れます。

☆準備〔紙皿名前の数の倍・はさみ・カラーペン等〕

☆作り方・遊び方

① 紙皿２枚が一組です。１枚に絵カードのように裏表に絵と字を書きます。もう１枚，別の紙ざらには何も描きません。

② 図のように２枚の紙皿に切り込みを入れます。

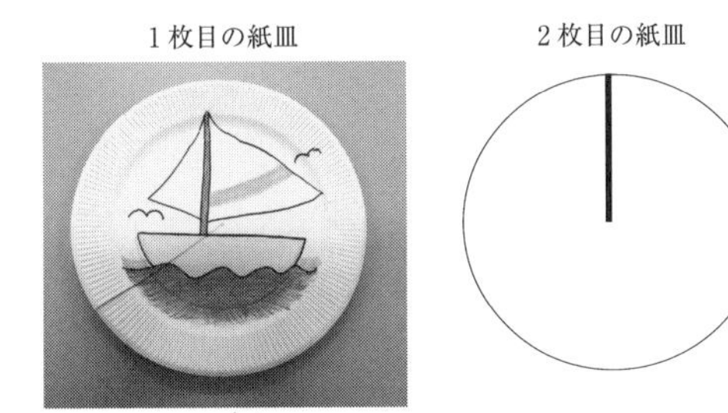

図 10-6　紙皿「ヨット」

③ ２枚の紙皿の切り込みをはめ込み重ねます。

④ スライドしていくと絵や字が現れたり，消えたりします。「何の動物かな？」と言って　クイズ形式で遊びましょう。

2　ちいさな絵本

この「ちいさな絵本」は，1枚の紙で作る絵本です。バス遠足の歌集やプログラムなどに使われますから，知っている人や，作ったことがある人もいることでしょう。

私は，学生のお話作りの最初の授業に，この「ちいさな絵本」作りをしています。ちいさくとも「絵本」と呼ぶのは，お話のイメージをつかむために最適だからです。簡単にできるのに，アイデア満載の構成で立派な作品となるからです。子どもたちも簡単で楽しく作ることができます。

ワーク4：ちいさな絵本作りをします。

〈作り方の説明〉を参考に画用紙を8場面に分け，絵本の形を作ります。

窓やドアを開く，くり抜く等の工夫をして作ります。

ワーク5：表紙，裏表紙を入れて8場面のお話を考えます。

ページが限られたちいさな絵本です。単純で繰り返しのお話が向いています。絵とお話を構成し，完成させましょう。

ワーク6：作ったお話を発表します。

グループを作って，みんなの前でお話の発表をしましょう。

自己紹介として行ってもいいでしょう。

作り方の説明：絵本「すきなたべものなあに？」より

（学生中村花梨さんの作品です）

☆**準備**〔画用紙，八つ切り以上の大きさ，1 枚・はさみ・カラーペン等〕

☆**作り方**

①　画用紙（八つ切り）の，- - - - - - - を折り，8 場面に分けます。
　　　　　　　　　　　　―――― を切ります。

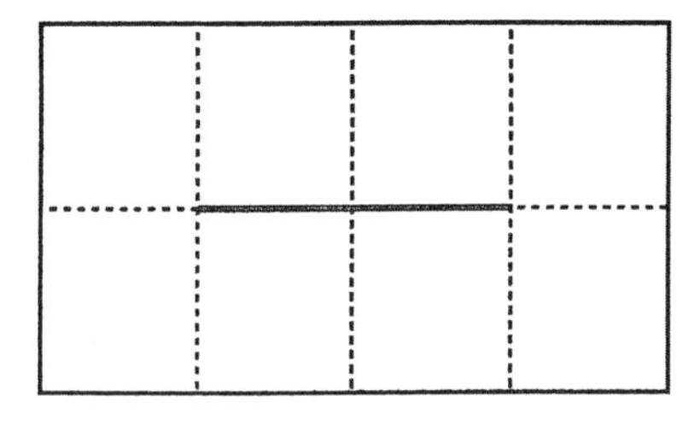

縦中央を折ります。折ったまま、横にハサミを入れます。

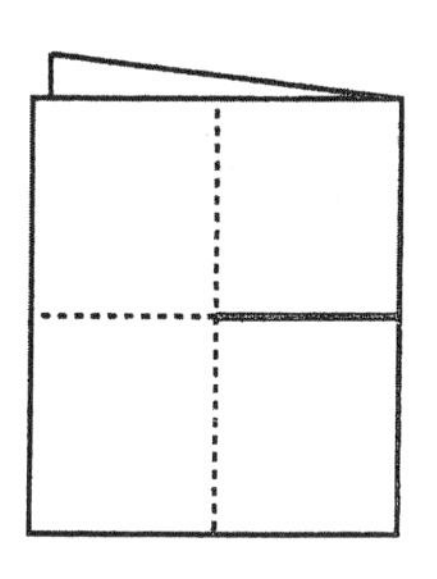

図 10-7　小さな絵本　折り方

② 切ったところを開いていきます。

しっかり織り込んで完成です。

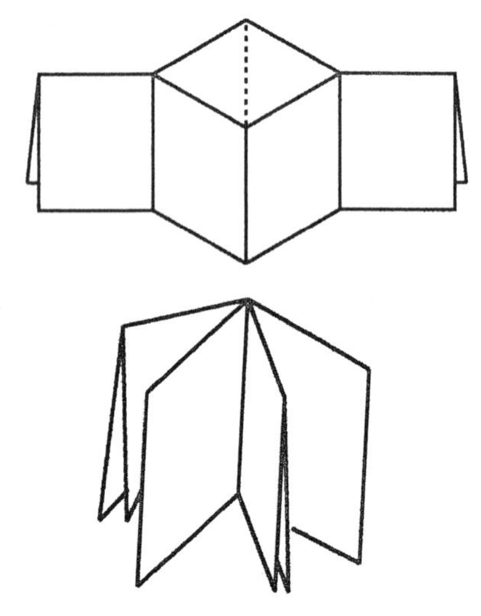

図 10-8 ちいさな絵本組立

③ 完成写真（画用紙を開いた写真）

写真 10-1 ちいさな絵本 表

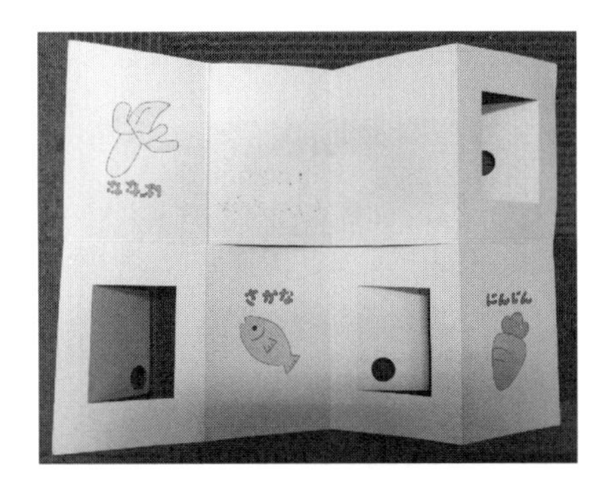

写真 10-2　ちいさな絵本　裏

☆お話の紹介

①　表紙「すきなたべものなあに？」

写真 10-3　表紙

②　1 ページ「うさぎさんの　すきなたべもの　なーんだ？」

写真 10-4　1 ページ

「にんじん」

写真 10-5　にんじん

③　2ページ「ねこさんの　すきなたべもの　なーんだ？」

写真 10-6　2ページ

「さかな」

写真 10-7　さかな

④　3ページ「おさるさんの　すきなたべもの　なーんだ？」

写真 10-8　3ページ

「ばなな」

写真 10-9　ばなな

3 パペット

うさぎは子どもに人気のある動物です。パペットにすると子ども達の興味に合ったお話ができます。また，パペットのオオカミを男子学生が手にお話しすると子どもたちは，キャーキャーと大変喜びます。パペットは自己紹介やミニシアターに活躍してくれます。ボランティアや実習等で子どもと出会うとき，パペットを作って持って行くことを勧めます。子どもたちと「仲良くなりたい」「楽しく遊びたい」ということを伝えるためにパペットは味方になってくれます。

ここでは，「手袋人形」と「靴下人形」を紹介しますが，応用していろいろな人や動物を作ってください。

ワーク 7：手袋人形を作ります。

手袋人形「うさぎ」の作り方を説明します。

写真 10-10　手袋人形

1. 材料，道具等

・手袋または軍手（片手）—うさぎの顔と手

・プリント布（50cm × 25cm くらい）—うさぎの服

・フェルト（赤少々）—うさぎの耳

・ボタン（黒 2 個）—うさぎの目

・刺繍糸・綿糸（適宜）

・綿（50g 位）—頭に詰める

・針，はさみ

2. 縫い方等の確認

○　手袋を裏返して，印を付けます。軍手は，ほつれやすいのでできるだけ，縫ってから切ります。

○　糸は，綿糸を 2 本どりにします。

○　縫い方は，基本的に半返し縫いにします。

○　--------- 点線は縫う印

○　———— 実線は切る印

3. 手袋を裁断し，「うさぎ」のパーツをそろえます。

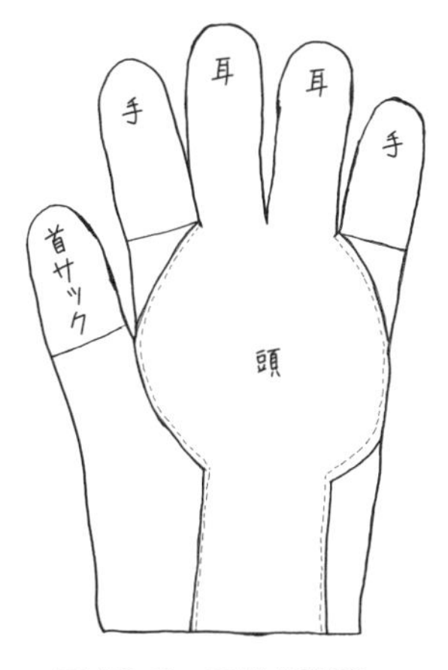

図 10-9　手袋を裁断

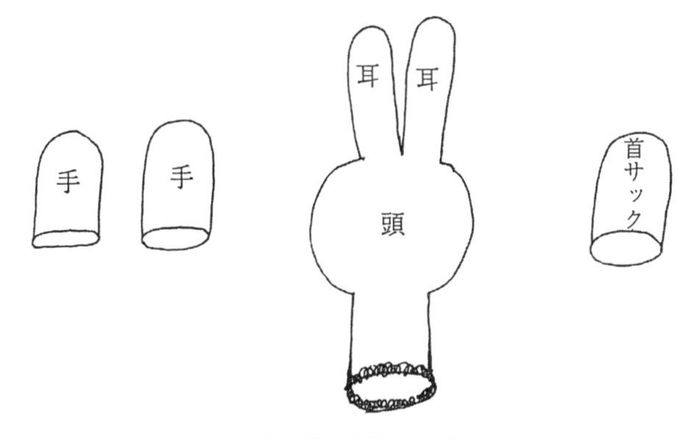

図 10-10 「うさぎ」のパーツ

4. うさぎの顔，頭部を作ります。

○　切り離したうさぎの頭部を，首のところから表に返します。綿を 30g くらい入れます。形を整えます。

○　首サックを，首の中に入れ入り口を糸でまつります。

・綿30 gを，耳の中まで入れます。
綿の量は，好みで調節します。

・首サックを中に入れます。
首が長いようでしたら，折って長さを調節します。

図 10-11　うさぎの顔，頭部

5. うさぎの目，鼻，耳を付けます。

○　ボタンを顔の表面に付けるのではなく，裏から針を刺して縫います。図10-11 出来上がりが，少し沈むくらい糸を強く引くと，顔に凹凸が出来，表情が出ます。

○　耳は，赤いフェルトを，図 10-12 のように（図 10-13）で付け，耳を作ります。

うさぎ横顔

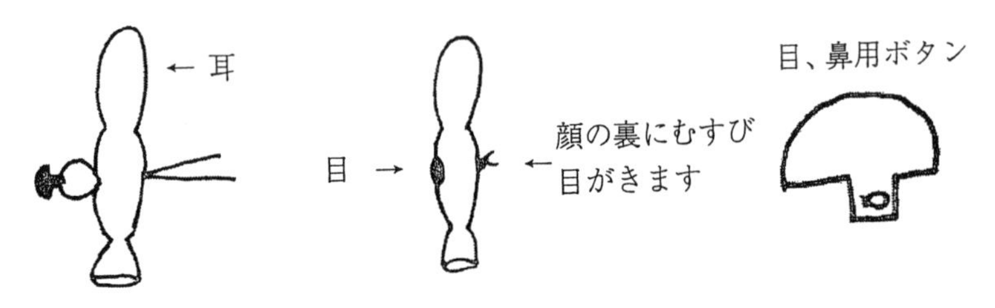

図 10-12　うさぎの横顔

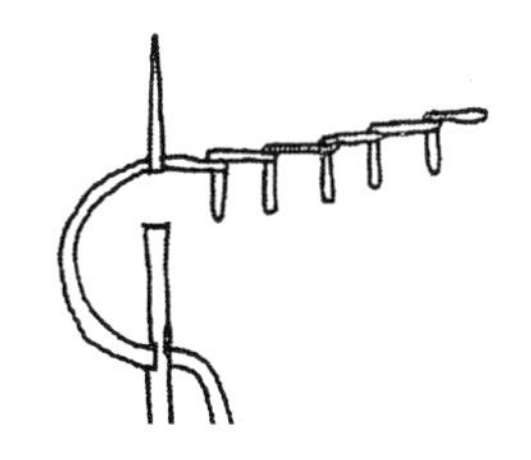

図 10-13　ブランケットステッチ

6. 服を作ります。

○　プリント布を，裏にして，輪になるように縫います。

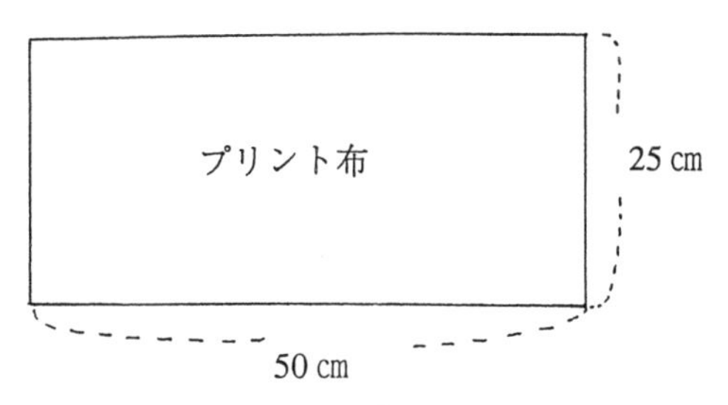

図 10-14　プリント布

○　縫い目を開きます。

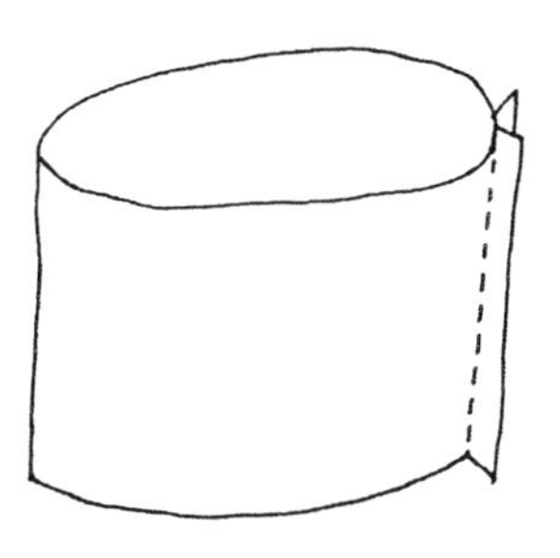

図 10-15　縫う

○　上下を三つ折りにして，平縫いをします。

○　三つ折りにした上部 a の部分を，糸を引いてギャザーを寄せます。

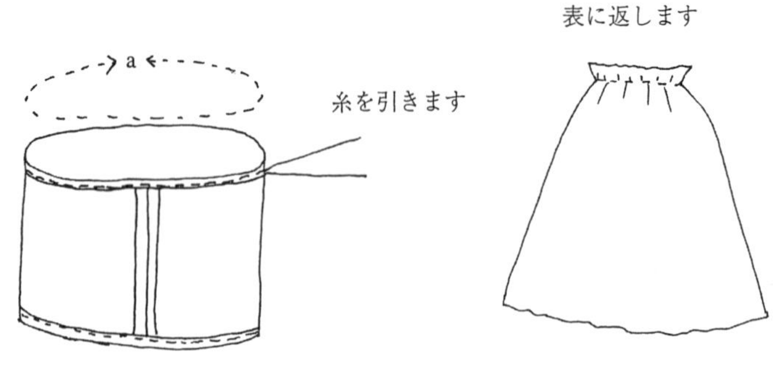

図 10-16　服完成

7. 手を付けます。

○　b の部分に，2cm の切り込みを入れます。

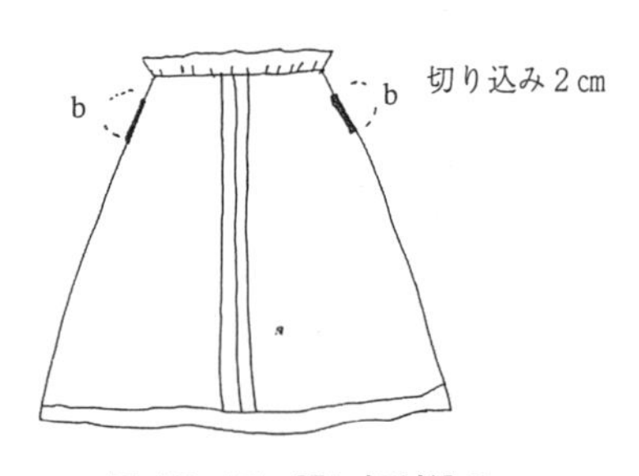

図 10-17　服に切り込み

○　縫い目は，人形の後ろになります。

○　裏に返して，服の切り込みに，手を，差し込みしっかりと縫いつけます。

○　左右両方に付けます。

図 10-18　手を付ける

8. 頭部と，服を縫い合わせます。完成です

○　服の絞り具合を調節して，人形の頭部と服を縫い合わせます。
　　その際，使う人の指が入るように気を付けて縫い合わせます。

図 10-19　完成

ワーク8：靴下人形を作ります。

靴下人形「オオカミ」の作り方を説明します。

写真 10-11　靴下人形

1，材料，道具等

・黒または茶の靴下の片方ーオオカミの体（厚手のもの，冬物のほうがオオカミらしいです）

・フェルト：・白（歯）・茶（上唇）―各 30cm × 3cm 位必要

・白（目玉），濃茶（耳，まつげ），黒（目玉，鼻），肌色（口の中，耳の中），赤（舌），茶（上唇）は，市販の 15cm 正方形があれば大丈夫です。

・綿：30g 程度―頭の膨らみ

・厚紙：オオカミのあごの補強― 8cm × 22cm くらい

・糸・刺繍糸：適宜

・針，はさみ，線引き，筆記用具，ボンド等，各自で必要な物

＊材料の詳しくいサイズは，「作り方の説明」でお伝えしていきます。

2. フェルトを使って，「オオカミ」のパーツをそろえます

パーツは①〜⑩までそろえます。

① 肌色フェルト（口の中）と厚紙（あごの補強）は同じサイズで準備します。

○ 厚紙（8cm × 22cm）を，図 10-20 のような形に切ります。（大きさは，一応の目安です。靴下の大きさに合わせてください。）

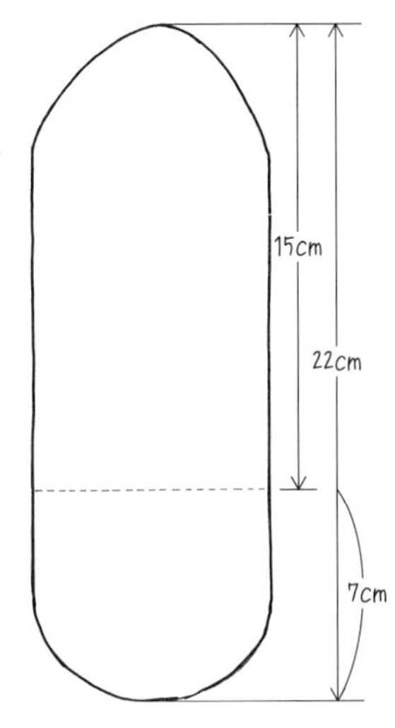

図 10-20　口の中とあご補強

② 赤フェルト（舌）

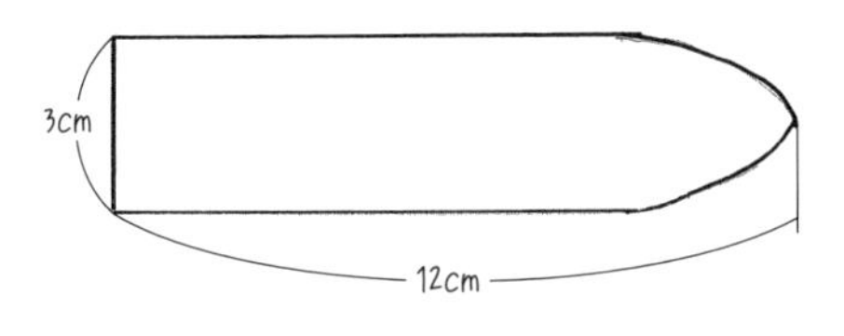

図 10-21　舌

③　白フェルト（歯）・茶フェルト（上唇）

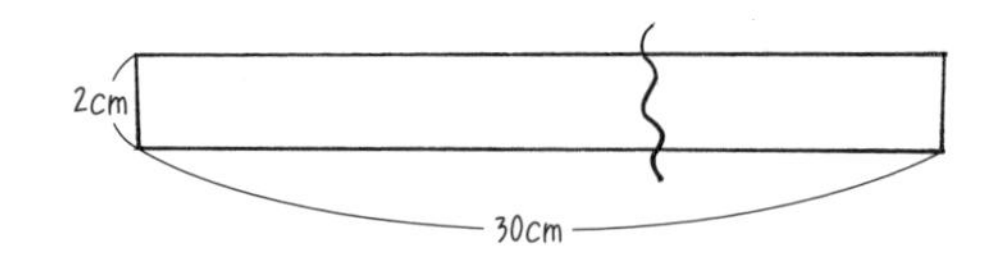

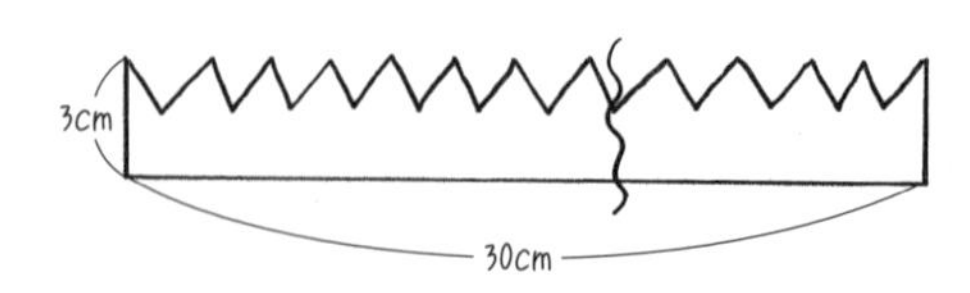

図 10-22　上唇と歯

④　濃茶フェルト（耳）とフェルト（耳の中）

2枚ずつ作って貼り合わせます。オリジナルで適宜，形を変更してください。

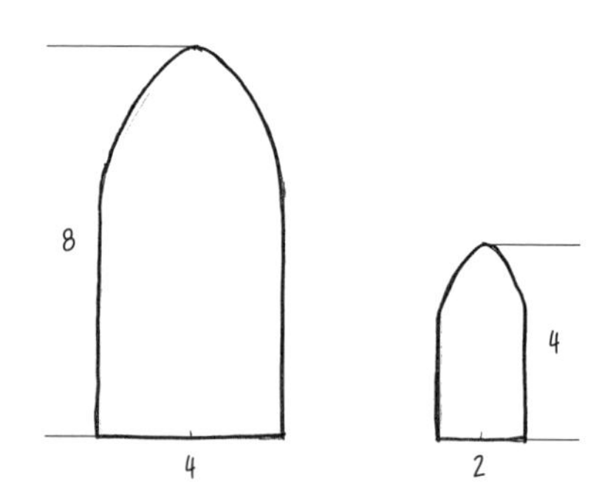

図 10-23　耳

⑤　白フェルト（目玉）と黒フェルト（目玉）2枚ずつ作ります。

○　白フェルトの円周を縫い縮めて綿を詰めます。黒フェルトをボンドで貼ります。

○　茶フェルト（鼻）で鼻を1つ作ります。目玉と同じ要領です。

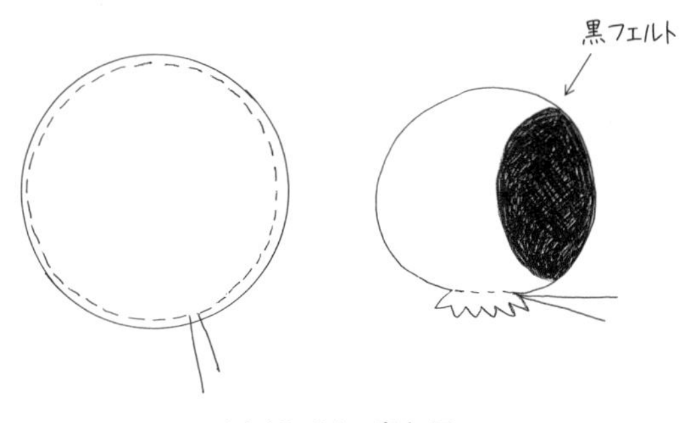

図10-24　鼻と目

⑥　茶フェルト（眉毛）

茶フェルトを好きな形の眉毛に切ります。長四角やぎざぎざ眉毛です。

3. 靴下を整えます。

○　「オオカミ」の顔を作るために形を整えます。

図10-25のように，かかとにへこみを作り，オオカミの口を形作ります。

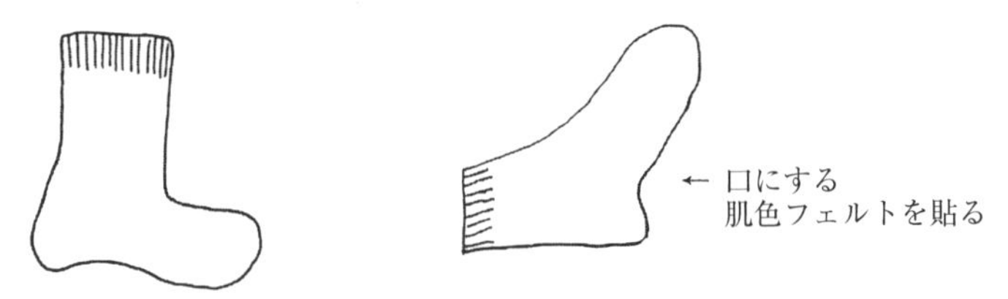

図10-25　オオカミの顔を作る

4.「オオカミ」の口を作ります。

○　厚紙を靴下の底に入れます。靴底になるようなイメージです。

5. 顔を作ります。「オオカミ」完成図を自分なりに制作しイメージをつかみます。

○　口の中（靴下の底）に肌色フェルトを，舌の赤フェルトをボンドで貼ります。

○　歯と唇をボンドで貼ります。

○　耳，鼻，目を縫い付けます。

○　眉毛を目玉の上にボンドで貼ります。

6. 完成です。

○　使う人の，親指を「オオカミ」の口の下に，あとの 4 本の指を頭の部分に入れ，上下に動かすとしゃべっているように見えます。

図 10-26　オオカミ完成

参考文献

植草一世『保育内容の研究　造形活動と遊び―手作り絵本と人形遊び―』大揚社 2003 年

芸術教育研究所・おもちゃ美術館編『楽しくつくろう　おはなし絵本』黎明書房 2001 年

第11章 保育者の表現技術　みんなで遊ぼう

子どもたちが仲間とごっこ遊びで楽しそうに遊ぶ姿を保育現場では，日常的に見かけます。ごっこ遊びは，子どもが何かになったつもりで遊ぶ遊びです。空想の世界で遊べる能力が発達すると，ごっこ遊びを盛んにするようになります。仲間と役割のイメージを共有しながら，おままごと，戦隊ヒーローごっこ等の遊びをしています。その遊びのなかでは，子どもが自分の目で観察したとおりの行動が模倣されています。例えばままごとは，大人の生活そのものを模倣して遊びます。親の動作や口調を真似て遊んでいたり，見聞きした大人の職業に関連するものが登場します。ほほえましい姿である反面，その観察力の鋭さにドキッとさせられる場合があります。なりたいものになる模倣の姿は，人間だけにとどまらず，動物・植物まで様々です。身近なイヌやネコだけでなく，動物園で目にする機会もある様々な動物も模倣されます。また，子どもたちの身近な生活だけでなく，テレビ番組（子どもの番組）や絵本等の登場人物や，戦隊ヒーローごっこ等をしています。大人の思いもよらないものになってごっこ遊びの世界を楽しみます。

ごっこ遊びをするために子どもは，様々な「小道具」を利用しています。大人の洋服を使ったり，木の枝の箸や，箱やプリン等の空き容器を茶碗のつもりで自分たちで見立てて遊ぶ姿は，大人顔負けです。また戦隊ヒーローになりきるためにベルトやお面やマント代わりの風呂敷を身に着けたりしています。お面や衣装の小道具を大人に助けてもらって準備すると，さらにイメージの世界が明確になり，集団で劇ごっこをができるようになります。仲間や親に見せたいという気持ちも育ってきます。

この章では，「お面」「ペープサート」「パネルシアター」を作って，みんなで作って遊びましょう。“ワーク”の手順で作って遊びましょう。

写真 11-1　お面

1　お　面

お面を作って，仲間と劇ごっこをしましょう。簡単な劇でもその役になりきって行うと，見ごたえのある劇になります。

写真 11-2　おおきなかぶ（劇）

ワーク 9：お面を作ります。

お面の絵は，子どもたちに親しみやすい人の顔や動物にしましょう。

用意するもの

・画用紙黒（四つ切り横長 1/4 枚）
・画用紙白（八つ切り 1 枚）
・カラーペン等（色がはっきりしているもの）
・輪ゴム　　・両面テープ　　・はさみ　　・ホチキス

作り方

① 画用紙に動物や人の絵を描き，色を塗る。遠目が聞くように色合いをハッキリさせます。

② 余白を残し切り抜きます。

図 11-1　ねこの顔

③　画用紙または厚紙でベルトを作る。

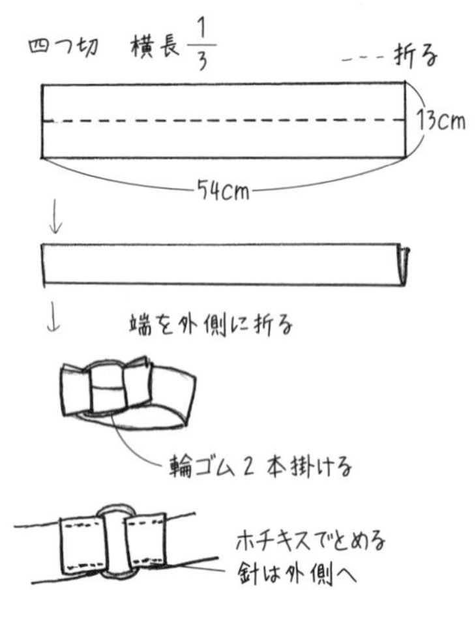

図 11-2　ベルトを作る

④　絵をベルトに両面テープでつけます。ホチキスを使う場合は，針の切り口が人の肌にあたらないように，外側に向けます。

図 11-3　ねこのお面

ワーク 10：劇遊びをします。

絵本『おおきなかぶ』のストーリーで劇遊びをします。絵本のストーリーをイメージして，自分の作ったお面の人や動物になりきって仲間と「かぶ」を抜きます。どんな登場人物が出てくるのか楽しみです。

本『おおきなかぶ』のお話のあらましと紹介

A. トルストイ再話　内田莉莎子訳　佐藤忠良画　福音館

おじいさんが　かぶをうえました。「あまい　あまい　かぶになれ。
おおきな　おおきな　かぶになれ」
あまい　げんきのよい　とてつもなくおおきな　かぶが　できました。
おじさんは　かぶを　ぬこうとしました。
うんとこしょ　どっこいしょ　ところが　かぶは　ぬけません。
おじいさんは　おばあさんを　よんできました。
おばあさんが　おじいさんを　ひっぱって，おじいさんが　かぶを　ひっぱって　うんとこしょ　どっこいしょ　それでもかぶは　ぬけません。
おばあさんは　まごを　まごは　いぬを　いぬは　ねこを　よんできました。まだ　まだ　まだ　まだ　ぬけません。
そこで　ねこは　ねずみを　よんできました。
ねずみが　ねこを　ひっぱって，ねこが　いぬを　ひっぱって，いぬが　まごを　ひっぱって，まごが　おばあさんを　ひっぱって，　おばあさんが　おじいさんを　ひっぱって　おじいさんが　かぶを　ひっぱって
うんとこしょ　どっこいしょ　やっと，かぶは　ぬけました。

 ペープサート

ペープサートとは，人形や動物等が描かれた紙に，割り箸や木等の棒を付けそれを動かして演じる人形劇のこと。背景の前で演じること，裏と表に描かれた絵の表情で動きが出ます。ペープサートを作ってことば遊びを楽しみましょう。

絵本『へんしんトンネル』を，ヒントにペープサートを作ります。

絵本『へんしんトンネル』　お話のあらましと紹介

あきやまただし作　金の星社

「へんしんトンネル」という，トンネルをくぐると，なぜかいろいろなものが変身してしまうのです。かっぱが「かっぱ　かっぱ　かっぱ　かっぱ…」と　つぶやきながらトンネルをくぐると「ぱっか　ぱっか　ぱっか　ぱっか…」と，元気な馬になって出てきました。あるとき，時計が「とけい　とけい　とけい　とけい…」と，つぶやきながらトンネルをくぐると「けいと　けいと　けいと　けいと…」と，毛糸に変身してしまいました。言葉が 変身する楽しいことば遊びの絵本です。

ワーク 11：変身ことばを探してみます。

逆さま言葉や入れ替え言葉です。例えば「かっぱ」→「ぱっか」や「とけい」→「けいと」のように，言葉を入れ替えて，ことばを変身させて遊びます。「サクサク」→「くさくさ」のように擬音でもいいです。気楽に楽しく変身言葉を探してください。10 個以上，探してみましょう。

ことばの変身探し

絵本『へんしんトンネル』の，このアイディアをペープサートに活かしてみましょう。「かっぱ」→「ぱっか」や「とけい」→「けいと」のように変身する言葉をみつけましょう。

ラッパ→パラッ
海洋（かいよう）→妖怪（ようかい）
正直（しょうじき）→起床時（きしょうじ）
桜（さくら）→暗さ（くらさ）
大砲（たいほう）→包帯（ほうたい）
ペンギン→銀ペン
水仙（すいせん）→潜水（せんすい）
箒（ほうき）→気泡（きほう）
新聞（しんぶん）→分身（ぶんしん）

などなど，いろいろ変身しましたね。

ワーク 12：ペープサートを作ります。

変身したことばを絵にします。変身前の絵と変身後の絵を画用紙に書きます。描いた画用紙を内輪の裏表に貼ってペープサートを作ります。うちわがなければ，画用紙に割り箸を付けます。

☆変身ペープサート「パラッ」が「ラッパ」に変身するバージョンで

準備するもの

・カラーペン・　クレヨン等　・ハサミ　・糊
・うちわ　・画用紙（八つ切り 1 枚）

作り方

☆ペープサート

① 1本に裏表の画用紙を準備します。

表に変身前を裏に変身後の絵を描きます。

② うちわの表・裏に絵を貼ります。うちわの大きさに画用紙を切ります。

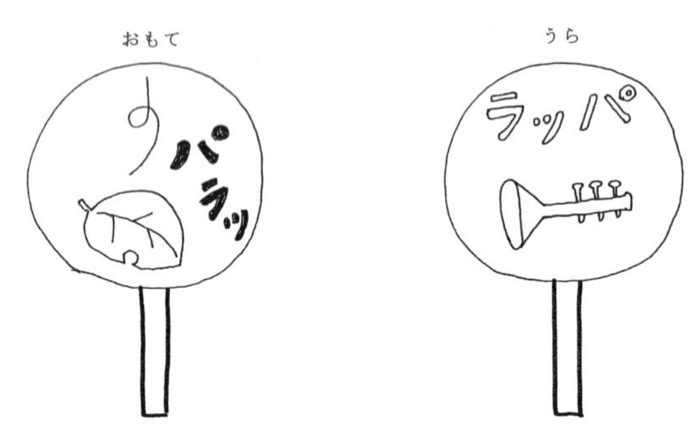

図 11-4 ペープサート

ワーク 13：みんなでトンネルを作ります。

準備するもの

・カラーペン・絵の具等・ハサミ・糊

・厚手の画用紙（四つ切り）・空き箱

作り方

① トンネルの絵を描きます。ペープサートが隠れる位の，大きめの大きさのトンネルです。

② 立てかけられるように，空き箱を裏に貼ります。

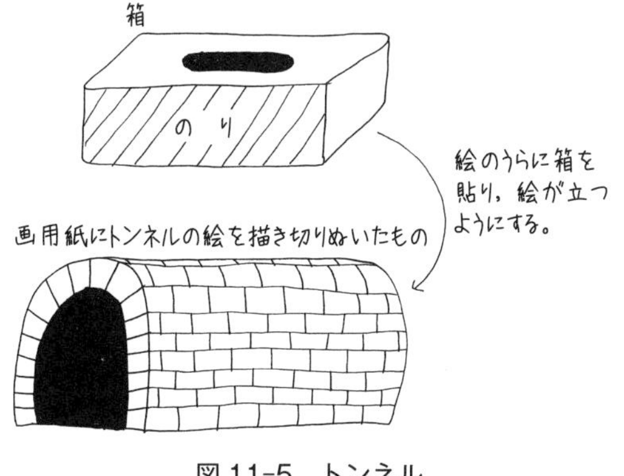

図11-5　トンネル

ワーク14：ペープサートで変身遊びをします。

一人ひとつのペープサートを持ってトンネルを順番にくぐります。くぐっているときにペープサートを裏返して変身させます。

お話は，自分で作りましょう。お話に合わせて，ペープサートが動き，不思議な「へんしんトンネル」をくぐるといろいろなものが変身してしまうのです。見ている仲間は，かけ声を掛けて協力してあげましょう。仲間と間髪入れず順番にくぐっていくと楽しいミニシアターとなります。

例えば

① あるところに，不思議な「へんしんトンネル」とがありました。

葉っぱが「パラッパラッパラッパラッ…」っとトンネルの中を入っていきました。

② あらら「ラッパラッパラッパラッパ…」「プップクププップー」ラッパが元気に出てきました。

③ 次々に，いろいろなものを「へんしんトンネル」に入れて変身させましょう。

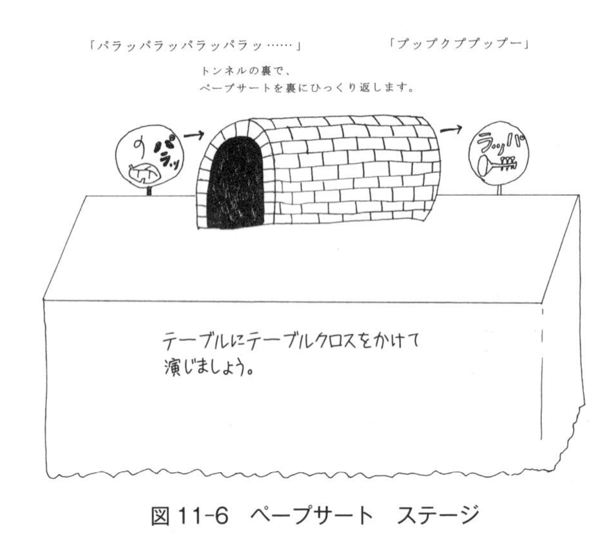

図 11-6　ペープサート　ステージ

3　パネルシアター

パネルシアターとは布地のパネル板に絵（または文字）を貼ったり外したりしてお話，うた遊び，言葉遊び等を展開して行うミニシアターです。作って遊びましょう。

ワーク 15：パネルシアターの基本的な作り方を学びます。

材料と道具

○　厚手のＰペーパー（不織布）：大きめの人や動物の本体に使用します。裏表両面に絵柄が描けます。

○　薄手のＰペーパー（不織布）：小さめの絵や手足のような部分に使用します。色や絵柄の違うものを２枚に描いて貼り合わせます。

○　油性ペン・ポスターカラー・水彩絵の具：Ｐペーパー（不織布）に登場人物や動物，小道具や，背景となる風景を油性マジックやポスターカラーや水彩絵の具を用いて描きます。

○　はさみ・カッター：Ｐペーパー（不織布）に切り込みを入れる，また切り取るために使います。

○　ボンド・のり：Ｐペーパー（不織布）を貼り合わせます。

作るためのひと工夫

○　糸止め：人や動物の胴体と頭や手足を糸止めすることによって，頭や手足が動くようになります。太めの糸で，２本どりにし，玉結びは大きめにします。

○　両面に絵を描く：厚手のＰペーパー（不織布）を使用し，両面に絵を描きます。人や動物の前・後ろ姿や表情を変えたりするときに使います。野菜や花等の色の変化を表現するときは，２枚のＰペーパー（不織布）に別々に描いてボンドで貼り合わせます。

○　切り込み・ポケット：お鍋に野菜や肉を入れたり，ポケットにビスケットを入れるためにＰペーパー（不織布）に切り込みを入れます。落ちないように裏にＰペーパー（不織布）でポケットを作ります。

○　つなぎ合わせる：ドアや窓のような開閉の扉は，ガーゼでつなぎ合わせます。

○　引っかけを作る：大きめの木や野菜の中に比較的小さな鳥や青虫を潜ませておくために引っかけを作って鳥や青虫を隠しておきます。

○　糸で吊す：糸で吊し引っ張ることによって，魚釣りや空飛ぶ鳥や蝶が表現できます。

ワーク 16：パネルシアターを作ります。

「たまご」の手遊びを参考にパネルシアターを作ります。

1.「たまご」の手遊びをしましょう。

作り方の説明：「たまご」の手遊び

「たまご」の手遊び

・まあるいたまごが，パチンとわれて，中からひよこが　ピヨ，ピヨ，ピヨ，まあ　かわい　ピヨ，ピヨ，ピヨ，

・小さなたまごが，パチンとわれて，中からありさんが　ヨチ，ヨチ，ヨチ　まあ　かわい　ヨチ，ヨチ，ヨチ

・大きなたまごが，パチンとわれて，中から怪獣が　ガオ，ガオ，ガオ　まあ　つよい　ガオ，ガオ，ガオ

・ながーいたまごが　パチンとわれて，中から　蛇が　ニョロ　ニョロ　ニョロ　まあ　こわい　ニョロ　ニョロ　ニョロ

2. Ｐペーパー（不織布）に絵を描いて 絵人形を作ります。

※絵人形＝Ｐペーパーに描かれた絵のこと

準備　・Ｐペーパー（不織布）・絵の具またはカラーペン・下絵・鉛筆・はさみ

（必要に応じて，パネル台・針と糸・ネル・布用ボンド・段ボール）

作り方

① 厚手のＰペーパー（不織布）に絵を描く。

写真 11-3

② 絵を描いたら色を塗る。

写真 11-4

③　余白を少し残して絵を切りぬく。

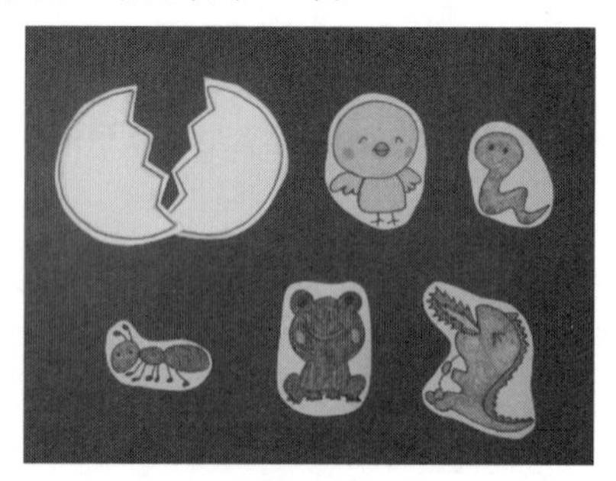

写真 11-5

遊び方

①　たまごの下にひよこを隠しパネル台に貼ります。

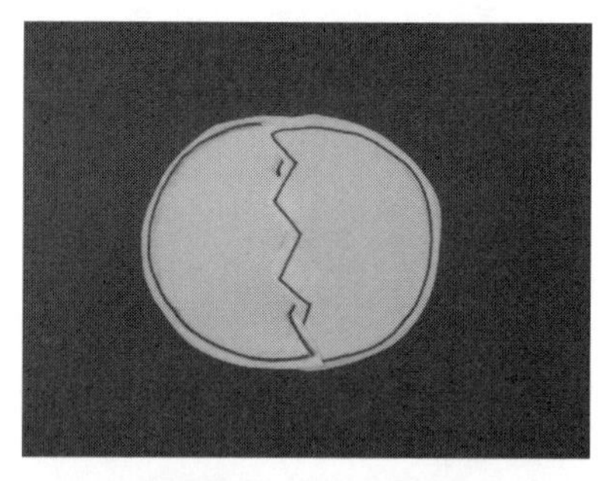

写真 11-6 「おやおや　たまごが割れそうですよ」

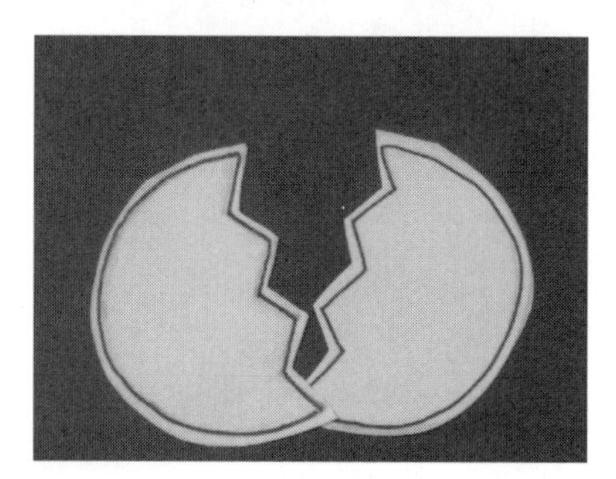

写真 11-7 「パチーンとわれました」

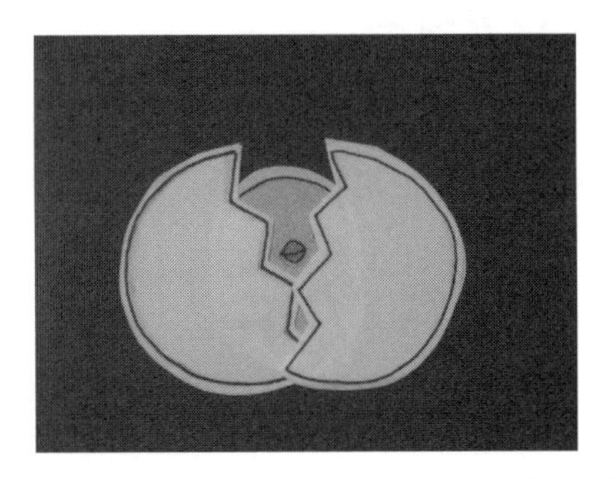

写真 11-8 「あれあれ　なかに何かいますよ」

写真 11-9 「ひよこが生まれました」

※あり，怪獣，カエル，蛇など，中から出てくるものを変えるとおもしろいです。

② 「たまご」の手遊び歌を歌いながら絵人形を動かしてみます。

3. 演じ手，聞き手に分かれて練習をします。

4. みんなの前でパネルシアターの実演をします。

 テーブルシアター

テーブルに，テーブルクロスを掛けて演じます。手袋人形，靴下人形でテーブルシアターをしましょう。先生が子どもたちにのために演じたり，また子ども同士で劇ごっこをして楽しみます。子ども会では，子どもとお母さんが一緒に人形を制作して，発表していきます。子どもたちの目線と同じにして，おかあさんや保育者等親しい人が演じると，見る側と演じる側とが一体になって楽しめます。

お話を作ってテーブルシアターを演じてみましょう。参考に学生と一緒に作った「りんごの木」の劇を紹介します。5人グループで行います。持っているパペットを使ってテーブルシアターを演じましょう。

ワーク 17：パペットを作ります。

パペットは「くま」「いぬ」「ねこ」「うさぎ」「ねずみ」等の動物を準備します（作り方は，10章を参考にしてください）。

ワーク 18：テーブルシアターの準備をします。

○ 緑色のテーブルクロスをテーブルに掛けてステージを作ります。

○ 音響等も準備できると効果が上がります。

○「りんごの木」を作ります。

1，材料，道具等

① 準備する物

・段ボール — 木の幹

・色画用紙 — 幹：茶　　葉：黄緑，緑系

・新聞紙 — 少々

・フック — りんごを掛ける

・牛乳パック　—　木の幹を支える
・絵の具
・ボンド
・ガムテープ
・はさみ

②　緑の色画用紙で，葉を作ります
・30枚くらい作ります。長さ5cmぐらいですが，多少不揃いの方がおもしろいです。

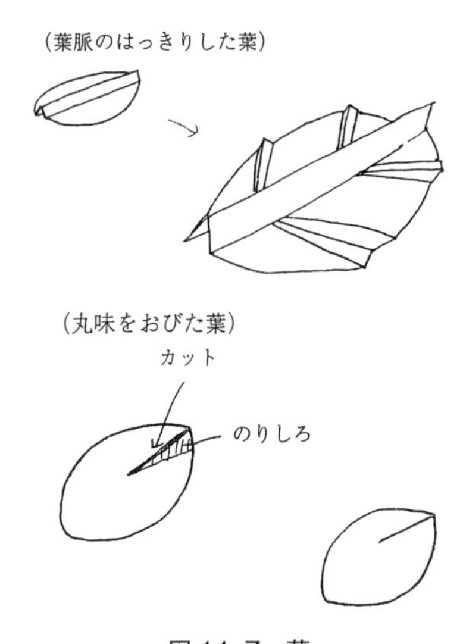

図11-7　葉

2. 制作方法

① 幹の土台を作ります。

・牛乳パックの上部は，カットして捨てます。

・茶の色画用紙で，牛乳パックを包みます。ボンドで，貼り付けます。

・牛乳パックの中に，新聞紙を詰め込み，重しにします。

・段ボールを，木の形に切ります。

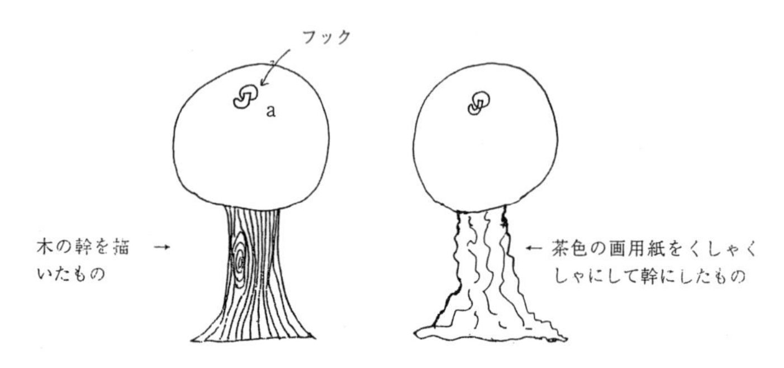

木の葉を、ボンドで止めます

○葉と幹の組み合わせで，2種類の木ができます。

木の裏に、牛乳パックをボンドで貼り、立つようにします

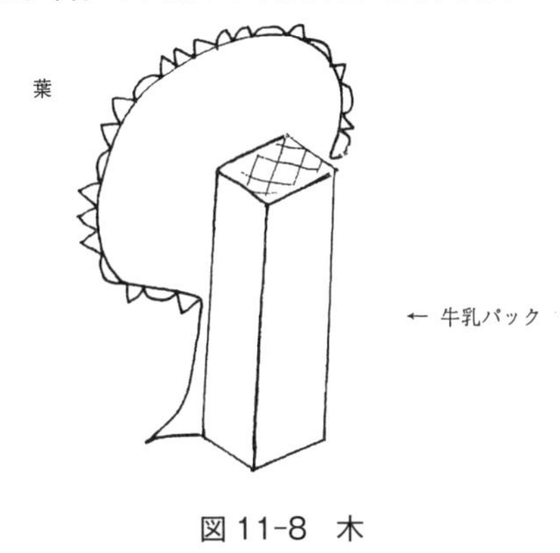

図11-8　木

・aの部分に穴をあけ，フックを付けます。フックを差し込み，後ろをガムテープで固定します。

○「りんご」を作りましょう

1. 準備する物

① 材料，道具等

・フェルト　―　赤，茶，緑

・綿（30g）　　　・糸，刺繍糸，針

② 裁断し，パーツをそろえます

フェルトで作ります。りんご（赤）2枚

③ りんごのフェルト2枚を重ね周りを，ブランケットステッチ（p.153参照）で閉じます。完全に閉じる前に，綿を入れ，ふっくらと仕上げます。

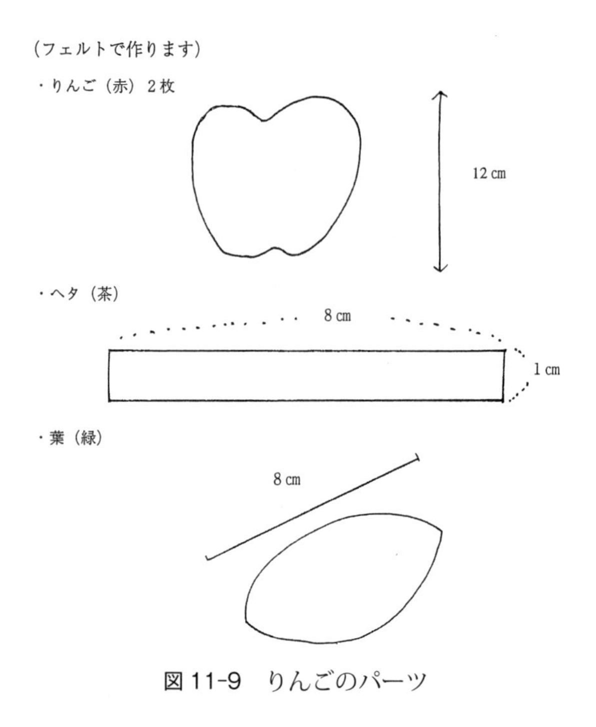

図11-9 りんごのパーツ

③ 葉に，アウトラインステッチで，葉の筋を刺繍します。

④ りんごのヘタを付けます。ヘタは，フックに掛けられるように，輪にします。葉をつけて完成です。

○完全に閉じる前に綿を入れ，ふっくらと仕上げます。

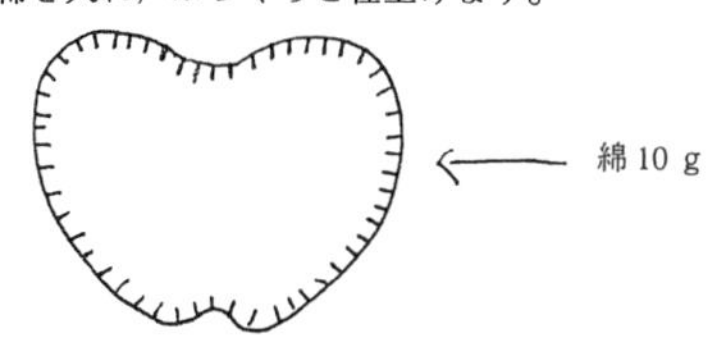

葉に，アウトラインステッチで，葉の筋を刺繍します

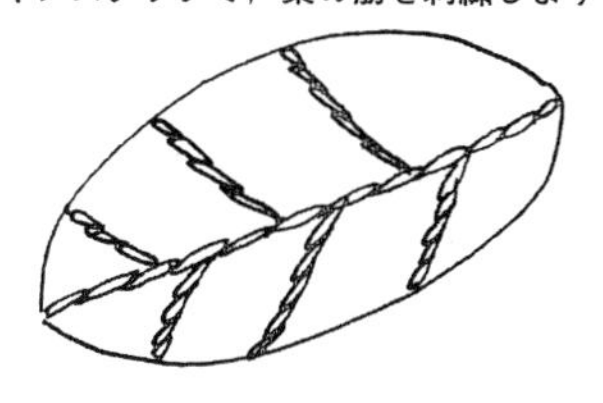

りんごのヘタを付けます

○ヘタは，フックに掛けられるように，輪にします。葉を付けて完成です。

図 11-10　りんご完成

ワーク 19：テーブルシアターを演じます。

テーブルシアター「りんごの木」の台本を参考にテーブルシアターをしましょう。

写真 11-11　りんごの木（テーブルシアター）

「りんごの木」の台本：ストーリーとあらまし

♪：曲　　　＊：動作

ナレーター：ある晴れた日に，「女の子」は森に出かけていきました。

♪：「おつかいありさん」の曲に合わせて，「女の子」登場。（舞台左袖から中央へ）

ナレーター：森の真ん中に，大きな木がありました。
真っ赤なりんごがなっていました。
「女の子」は，手を伸ばしてみました。でも届きません。
向こうから，「ねずみくん」がやってきました。

♪：「おつかいありさん」の曲に合わせて，「ねずみくん」登場。（舞台左袖から中央へ）

女の子：「ねずみくんりんごを採りたいんだけど手が届かないの。手伝ってくれる。」

ねずみくん：「いいよ。りんごをわけてくれたらね。」

ナレーター：そこで，「ねずみくん」の上に「女の子」が乗っかって。

＊：ねずみの上に女の子が乗る。

ナレーター：手を伸ばしました。

やっぱり，りんごは，採れません。

向こうから，「ねこさん」がやってきました。

♪：「おつかいありさん」の曲に合わせて，「ねこさん」登場。

（舞台左袖から中央へ）

女の子：「ねこさんりんごを採りたいんだけど手が届かないの。手伝ってくれる。」

ねこさん：「いいわよ。りんごをわけてくれたらね。」

ナレーター：そこで，「ねこさん」の上に「ねずみくん」が

乗っかって，「ねずみくん」の上に「女の子」が乗っかって。

手を伸ばしました。 まだまだ，りんごは，採れません。

向こうから，「いぬくん」がやってきました。

♪：「おつかいありさん」の曲に合わせて，「いぬくん」登場。

（舞台左袖から中央へ）

女の子：「いぬくんりんごを採りたいんだけど手が届かないの。手伝ってくれる。」

いぬくん：「いいよ。りんごをわけてくれたらね。」

ナレーター：そこで，「いぬくん」の上に「ねこさん」が乗っかって，「ねこさん」の上に「ねずみくん」が乗っかって，「ねずみくん」上に「女の子」が乗っかって。手を伸ばしました。

それでも，りんごは，採れません。

みんなは，もう一度大きく伸びをしました。

その拍子にバランスがくずれ，

全員：「あー　ー　ー」

ナレーター：地面に転がってしまいました。

♪：ピアノの鍵盤の高い音から低い音へかき鳴らす。

＊：女の子・ねずみ・ねこ・いぬ飛ぶように転がる

ナレーター：みんなの落ちた大きな音で，りんごが木から落ちてきました。

＊：リンゴがくるくる回転しながら，ゆっくり地面に落ちる

♪：「おつかいありさん」の曲に合わせて，「女の子」と「ねずみくん」と「ねこさん」と「いぬくん」は，リンゴを担いで退場。

ナレーター：「女の子」と「ねずみくん」と「ねこさん」と「いぬくん」は，りんごを家に持って帰り，仲良く食べました。

おしまい

第12章 保育者の表現技術 読んでみよう 演じてみよう

子どもを保育するためには，保育者自身がその知識と共に表現技術を身につけることが必要です。絵本の読み聞かせや，紙芝居やパペットを使ったお話を実際に仲間の前で読んだり演じたりしてみましょう。

1 絵　　本

ワーク 20：絵本を選びます。

子どもに読んであげることをイメージして絵本を選びます。選ぶにあたっては，「9章　保育教材を活用するために」と下記の〈絵本を選ぶ〉を参考にしてください。数冊選んでおいて，実際にどれを使うかは，聞き手の様子を見てから，又は聞き手の希望で選ぶという方法もあります。そのなかのどれが選ばれてもいいように練習します。

絵本を選ぶ

1. 絵本は，子ども一人ひとりに読んであげたいものですが，保育の場では複数の子どもたちに読み聞かせをするので，読み聞かせの対象者や人数を把握すること。

2. 内容やテーマが，子どもの生活や経験に合っていて，さらに子どもの経験を広げることのできるものなど，子どもが理解できる内容が表現されているもの。
3. 文章と絵が一体化しているもの。絵の表現に連続性があって，簡潔でわかりやすい文章，絵であること。
4. 同じような出来事が少しずつ変化をして繰り返され，そこにリズム感があること。
5. 本の外観や紙質，印刷，大きさ，装丁，造本，形態，なども絵本の一部であることを考慮し適切なものであること。集団の子ども（保育）に読む場合には，特に，遠目が効くこと，本の大きさ，絵柄の大きさに留意し，最後の列の子どもも見えるかどうか，前もって離れて見ておくこと。
6. 絵本を作る側の姿勢として，作者，出版社が記名されてること。
   絵本の内容について責任を持って発表していることが条件となるので，玩具やお菓子の付録などに付いているものは，子どもに薦めたくない絵本です。

ワーク 21：絵本の読み聞かせの練習をします。

手順は〈読み聞かせの準備〉〈読み聞かせの手順〉〈読み聞かせに心がけたいこと〉に沿って行います。何度も練習しましょう。

読み聞かせの準備

1. 新しい絵本の場合は，開きぐせをつけておきます。
2. 十分に下読みしておきます。読む速度やめくる速度，絵と文の調整にも気を配ります。画面が途中で縦になったりする場合もあるので気をつけます。
3. 絵本がぐらつかないようにしっかり持てるようにします。
4. 集団の子どもに読むことを考慮して，どの子からも絵本がよく見えるようにするために，読み手と子どもたちの位置関係（光のあたり具合等）にも気を配れるようにします。

読み聞かせの手順

手順は原則的なことです。こだわりすぎると楽しく読むことがおろそかになってしまうので，原則はふまえながらも，本の内容に合わせてゆとりを持って読めるように，何度も練習しましょう。

1. 表紙を見せる
2. 題名を読む
3. 見返しを見せる（本文への導入）
4. 標題紙を見せる
5. 本文を読む
6. 裏見返しを見せる（余韻を残す）
7. 裏表紙を見せる
8. 再度，表紙を見せて題名を読んで，「おしまい」と言う

読み聞かせに心がけたいこと

1. 絵本を片手でしっかり支えて持ち，腕で画面をかくすことのないよう気をつけます。手を絵本の上か下へかけるようにし，スムーズにめくれるよう前もってページの端に指をかけておきます。
2. めくった瞬間に少し間を取ります。子どもが新しい画面を見たことを確認してから，ゆっくりとお話を続けます。
3. 安定した持ち方を心がけ，心を込めて読みましょう。

ワーク 22：みんなの前で絵本を読みます。

1. 5人前後のグループになります。
2. **ワーク 20** で選んだ絵本を持ち寄ります。
3. グループのメンバーで順番を決め，読み手が保育者役，聞き手が子ども役で読み聞かせを行いましょう。役割交代をして全員が行います。
4. 読んだ絵本，読んでもらった絵本の記録をします。

下記の項目でメモします。カットを描いておくと絵本の内容を思い出しやすくなります。

1. 絵本の題名
2. 作者（文・絵）
3. 出版社
4. 絵本の表紙に書かれている情報（何歳児向け等）
5. あらすじ
6. 感想
7. カットを描く（絵本の印象的なイメージ絵）
8. その他各自で

ワーク23：記録「絵本ノート」を作ります。

ワーク22で記録した絵本を，ノートやスケッチブックに整理します。絵本1冊につき1ページを使います。カットは，カラーペンで描きましょう。さらに30冊以上は読んで，あなたの「絵本ノート」を作ります。

 紙芝居

ワーク24：紙芝居を選びます。

子どもに読んであげることをイメージして紙芝居を1冊選びます。選ぶにあたっては，下記の〈紙芝居を選ぶ〉を参考にしてください。

紙芝居を選ぶ

1. 内容やテーマが，子どもの生活や経験に合っていて，さらに子どもの経験を広げることのできるもの。子どもが理解できる内容が表現されているもの。
2. 文章と絵が一体化しているもの。絵の表現に連続性があって，簡潔でわかりやすい文章，絵であること。
3. 同じような出来事が少しずつ変化をして繰り返され，そこにリズム感があること。
4. 紙芝居を作る側の姿勢として，作者，出版社が記名されてること。
   絵本と同様に，紙芝居の内容について責任を持って発表していることは大切な条件となります。

ワーク25：紙芝居の練習をします。

1. 6人グループになります。さらに3人に分かれます。
2. 3人で持ち寄った紙芝居の中から1冊を選びます。

3. 選んだ紙芝居で，〈演ずるための準備・心がけたいこと〉を参考に練習します。役柄に合った配役を決めます。紙芝居を抜く人も決めます。
4. グループの3人が読み手，他の3人が聞き手になり，交代に演じます。聞き手は，声の通り方，役柄に合っているか，間の取り方，画面の引き抜きの速度等の演じ方についての感想や意見を伝えます。それを参考に練習を重ねます。

ワーク26：紙芝居を実演します。

20人くらいの集団の前で実演してみましょう。大勢の前でもよく声が通るようにするためには，人前で実演して慣れていくことが大切です。

演ずるための準備・心がけたいこと

1. どの子からも紙芝居がよく見えるように，紙芝居の舞台を準備すること。
2. 読み手と，子どもたちの位置関係（光のあたり具合等）にも気を配ること。
3. 下読み，練習をします。絵本より役柄を意識して演じます。それぞれの作品のストーリーの組み立て方や登場人物の性格等を把握すること。役柄に合わせて，声に出して表現すること。その際，自分の声が人に聞こえるように，大きめの声で読むこと。
4. 読む速度や，間や余韻の効果を工夫すること。話が変わるときの間や期待させる間，余韻の間の効果を生かすこと。

5. 画面の引き抜きの効果を活かします。1枚ずつの画面がバラバラになる紙芝居では，情感を込める場面では，画面をゆっくり抜き，驚かせるような場面では，さっと抜くといった表現ができます。研究しましょう。
6. 複数の人で演ずる場合は，役柄に合った配役を決めます。紙芝居を抜く人も決めます。

 パペット

ワーク27：パペットを準備します。

○うさぎのパペット2体（作り方は10章を参考にしてください）を準備します。「大きいうさぎ」がおかあさん，「ちいさいうさぎ」が子どもになるように，大きさを変えて準備するといいでしょう。

ワーク28：パペットで演じます。

絵本『ぼくにげちゃうよ』のお話をします。絵本『ぼくにげちゃうよ』のお話を参考に，パペットで演じます。右手におかあさんうさぎ，左手に子どものうさぎをはめて，いすに座ってお話しします。たくさん練習をしてください。パペットは，他の動物「オオカミ」等で演じてもおもしろいと思います。挑戦してください。

絵本『ぼくにげちゃうよ』のお話のあらまし

マーガレット・W・ブラウン　文　クレメント・ハード　絵
いわた　みみ　やく　ほるぷ出版

あるところに，こうさぎが　いました。あるひ，このうさぎはいえをでて，どこかへ　いってみたくなりました。そこで，かあさんうさぎに　いいました。「ぼく　にげちゃうよ」
「おまえが　にげたら，かあさんは　おいかけますよ。だって，おまえはとってもかわいい　わたしのぼうやだもの」

「おかあさんが　おいかけてきたら，ぼくは，おがわの　さかなになって，およいでいちゃうよ」と，こうさぎは　いいました。
「おまえが　おがわの　さかなになるのなら，おかあさんはりょうしになって，おまえを　つりあげますよ」と，おかあさんうさぎが，いいました。
(中略)
「おかあさんが　つなわたりをして，ぼくを　つかまえにきたら，ぼくはにんげんのこどもになって，おうちのなかに　にげちゃうよ」と，こうさぎは　いいました。
「おまえが　にんげんのこどもになって，おうちに　にげこんだら，わたしは，おかあさんになって，そのこを　つかまえて　だきしめますよ」と，かあさんうさぎが　いいました。

「ふうん。だったら，うちにいて，かあさんのこどもでいるのと，おんなじだね」
そこで，こうさぎは　にげだすのを　やめました。
「さあ，ぼうや　にんじんを　おあがり」

写真 12-1　ぼくにげちゃうよ（パペット）

写真 12-2　うさぎ（パペット）

第13章 保育者の表現技術　絵本を作る

私は大学の授業で絵本作りを行っています。学生たちがお話を作り，絵本を作ります。自分の絵本が完成したら今度は，幼稚園児，保育園児，小学生の絵本作りを手伝います。いっしょに絵本を作りながら，学生は子どもたちのお話作りの手助けをします。子どものお話に耳を傾け，表現活動に寄り添うなかで子どもと絵本の楽しさを共有し，子どもとのかかわりが深まり，物語のなかから表現されたメッセージ性に気づくことになります。子どもの内面に触れる活動を通じて学生自身の内面性の成長を助けることができると考えています。

絵本作りを子どもと一緒に行った学生に「保育者になるにあたっての意識」を調査したところ，子どもとの絵本作りの前は「子どもの個別対応や集団の保育者としての様々な対応力や保育技術の必要性」をあげていました。抽象的で遠い世界のことを話している感じです。一方，絵本完成後には「楽しく話をしながら作業を進める方法」や「子どもとの信頼関係の築き方や子どもの意欲の引き出し方」「子どもの気持ちの汲み取り方」「子どもにわかりやすく物事を伝える方法」「どこまで支援をしたらよいのかの見極め」等，より子どもの気持ちの内面に対する働きかけに意識が向いていることが明らかになりました。学生は子どもの絵本作りを手伝う過程で，子どもとより深い内容の話をする機会を得ました。このことによって子どもとの精神的なかかわりや子どもの主体性を助ける援助について考えるようになりました。子どもとの絵本作りの活動は，子どもたちが何を思い，楽しみ，学ぶかを考える機会となり，子どもたちが伝えたいことを思いめぐらすことができるようになり，学生自身の内面性の形成にも役にたったと言えます。このような活動を続けることによって，学生の人間性が育ち，子どもたちへの思いやりが深まることが期待されるのです。

現在の絵本作りの多くは，プロの絵本作家が行っています。しかし，絵本を作ることは，子どもだけでなく私たち大人が行っても楽しいだけでなく，すばらしい効果があるのです。それは，物語を通して自分の思いを人に伝えることに，また保育に活用することに，また実習やボランティア等の保育現場に向かう学生が子どもたちと仲良くなることに，自己紹介等に活躍します。また，保育者が１年間の子どもの様子を写真等の素材を活用して作れば，それは子どもと先生のまさに世界でたったひとつの絵本となります。

しかし，「手作り絵本」は，製本の完成度があまり高くないことが「手作り」という意味合いに含まれていることがあります。ひもやホチキスで束ねたものを「手作り絵本」としている場合があります。それは他の保育教材と違って，絵本の構造が分かりにくいので，手作りに向いていないと考えられることが手作り絵本の弱点でした。しかし私たちと共同研究をしているグラフィックデザイナーである塩谷博晴氏は，すばらしいアイディアを盛り込んだ絵本キットを考案しました。そこで，塩谷氏が考案したキットを参考に作り方を学びます。準備する物や作り方が専門の素材を使ったキットなのでよく分かり，簡単で完成度の高い仕上がりになります。

ワーク 29：お話を作ります。

〈お話作りのヒント〉を参考にして，お話を作りましょう。

お話作りのヒント

① 思い出「出会い」の物語

お話作りのヒントは自分の思い出のなかにあります。宝は，自分のなかに眠っていると考えます。人生の振り返りをすることで心に残ったことを取り上げていきます。それは人生の壮大なドラマを展開していくことでもあるし，ちょっとした思い出や心に残っていることをテーマにしていくことでもあります。それは下記に紹介する絵本『あめ』のような出会いのドラマです。

② 自己紹介物語

自分を題材にして，趣味や特技や好きな物を描いていきます。また，身の周りのことや家族や友人の紹介です。例えば「生い立ちの物語」「わたしの好きなもの」などで自己紹介をします。人に理解してもらえる物語となります。

③ 体験どきどきの物語り

自分が幼い頃に初めて何かを行った時を思い出しましょう。ドキドキした経験があると思います。例えば絵本『はじめてのおつかい』のような経験です。自転車に乗れた時のこと，一人で親戚の家に泊まったこと，ご飯を作ったことなどを　題材にするのはいかがでしょうか。

④ 困った物語

「犬が怖い」「にんじんが嫌い」「逆上がりが出来ない」等，自分を見つめる機会となるかもしれません。大げさにいうと，人生哲学的なテーマになる可能性も秘めていますね。絵本『スイミー』のような作品です。

⑤ 夢を描く物語

自分がやってみたいこと，なりたいもののように，こうなったらいいのになを物語にします。

⑥　物や動物が人間のような生活をする物語

「おもちゃが話をしたら」「動物が学校に行ったら」など。絵本『ぐるんぱの幼稚園』のように動物，昆虫，花，おもちゃ，食器，生活用品，車等が，人間のような生活をしたらどうなるかイメージして物語を作ります。

⑦　変化する物語

「大きいものが小さく」「強いものが弱く，弱いものが強く」なるので，子どもがおとうさんと入れ替わって会社に行くとか，象が小さくなってポケットに入るとか…。想像力の翼を広げましょう。困ったことを解決するためには，魔法を使ってみましょう。空を飛んだり力持ちになったり超人的な力を持つことができます。タイムスリップも可能です。

⑧　子どもと一緒に楽しむために

歌や手遊びの歌詞を参考に歌遊び絵本を作ります。保育教材を作ります。

手作り絵本『あめ』は，学生　小林きおさんの作品です。制作に当たっては，デザインと構成を塩谷博晴氏のアドバイスを受けました。

写真 13-1　表紙

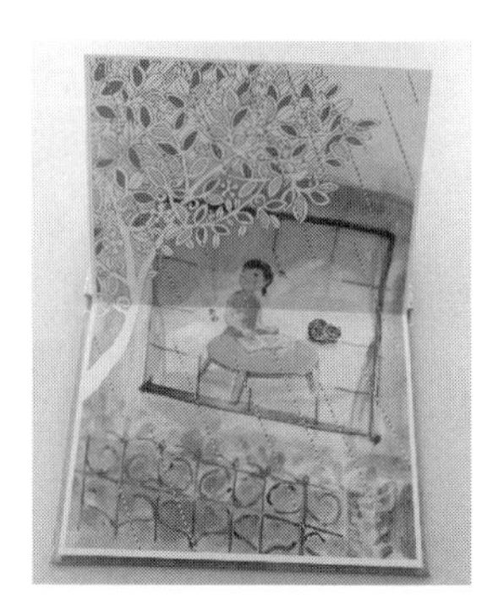

写真 13-2　1 ページ

写真 13-3　2 ページ

写真 13-4　3 ページ

写真 13-5　4 ページ

写真 13-6　5 ページ

写真 13-7　6 ページ

写真 13-8　7 ページ

写真 13-9　裏表紙

ワーク 30：あらすじと絵の構成をします。

① お話ができたら，それに合わせて絵を描きます。

② お話が横書きか縦書きかを決めます。

絵本の文章が，横書きの場合は，左から右へと読んでいくため，左開きの絵本になります。反対に，文章が縦書きの場合は，右から左へと読んでいくため，右開きの絵本になります。絵本の構成のスタートに決める必要があります。

国語と算数の教科書を比べるとわかりやすいです。縦に開く絵本もあります。

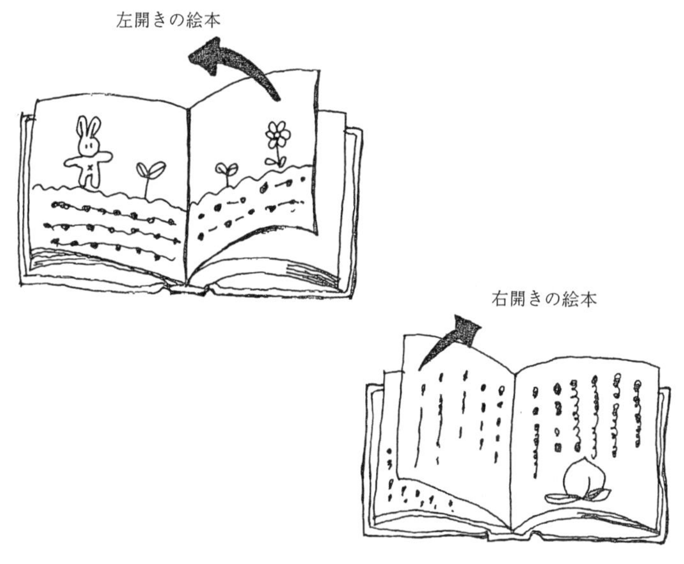

図 13-1　絵本の開き方

③ 下書き用紙に絵とお話を構成します。

下書き用紙は左開き，右開きによって違います。2 種類用意しています。下書き用紙に下書きをしてから，次に絵本の実寸で下書きをするといいでしょう。

絵本の下書

紙（A3くらいの大きな紙）を16分割し，絵とお話の下書きをしてイメージを膨らませます。

裏表紙	表紙	7ページ	8ページ
1ページ	2ページ	9ページ	10ページ
3ページ	4ページ	11ページ	12ページ
5ページ	6ページ	13ページ	14ページ

図13-2　横書き用絵本の下書き用紙〈左開き用〉

八頁	七頁	表紙	裏表紙
十頁	九頁	二頁	一頁
十二頁	十一頁	四頁	三頁
十四頁	十三頁	六頁	五頁

図13-3　縦書き用絵本の下書き用紙〈右開き用〉

ワーク 31：絵本の各部の名称を学びます。

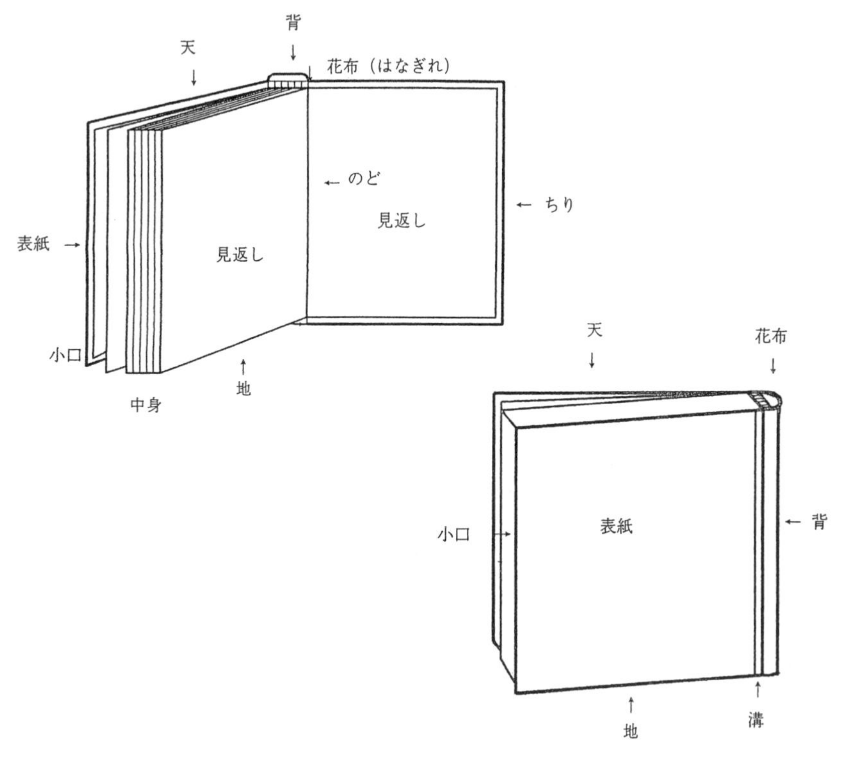

図 13-4　各部の名称

ワーク 32：手作り絵本の構造を確認します。

絵本は表紙（おもて，裏，背），中身，見開きでできています。

<簡単かさねとじ絵本>

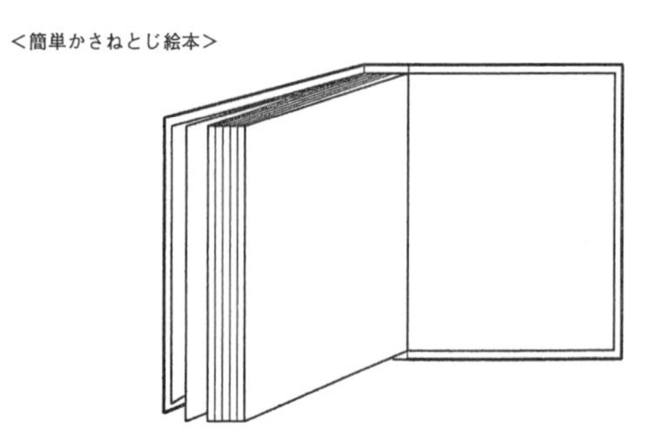

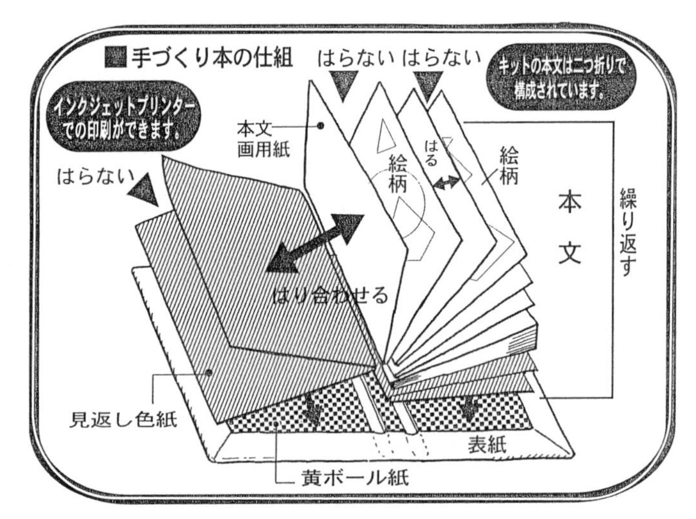

図 13-5 「手作り絵本の仕組み」

※図 13-5〜図 13-16 は，〈ログハウス手作り絵本館〉の絵本セットパンフレットから引用しました

第14章 保育者の表現技術　手作りおもちゃ

ここでは，表現教材の中でも「手作りおもちゃ」を取り上げます。第９章では，ミニシアターの素材として，ペープサート，パネルシアター，エプロンシアターが紹介されました。ここで紹介する手作りおもちゃにも，シンプルなストーリーを描くことができます。様々な表現方法がありますが，これから紹介する手作りおもちゃは，おもちゃ自体の“うごき”のおもしろさもあります。今回の手作りおもちゃは，江戸のからくりおもちゃです。しかけにより絵がくるくると変化し，手品のような不思議なおもしろさがあります。

ところで，手作りの良さは何でしょう。手作りには温かみがあるなどと言われますが，それは，目の前の子どもの状態に合わせることができるからではないでしょうか。日常のほんのひとコマを思い出しながら，その子どもの言葉を取り上げ，手作りおもちゃの中にその子の思いを入れ込んで，子どもとの関わりを楽しんでみませんか。江戸のからくりおもちゃで，３場面の短いお話を作りましょう。

1 筒返し

筒返しは，江戸時代から伝わるからくりおもちゃです。もともとは竹を２つに割ったものに和紙が貼られ，それをお蕎麦屋さんのお品書きにするなど生活の中でも活用されていたようです。ここでは手軽にトイレットペーパーの芯を使います。

ワーク 33：筒返しを作ります。

1. 材料，道具等

・トイレットペーパー芯１本・画用紙・はさみ・のり・カラーペン・折り紙

2. 作り方

○ トイレットペーパー芯を軽くつぶして縦線を付け，線のところで半分に切ります。

○ 好きな色の画用紙をトイレットペーパー芯の大きさに切って，半分にしたペーパー芯の表面に貼る（ここは省略して，そのままの状態でも大丈夫です）。

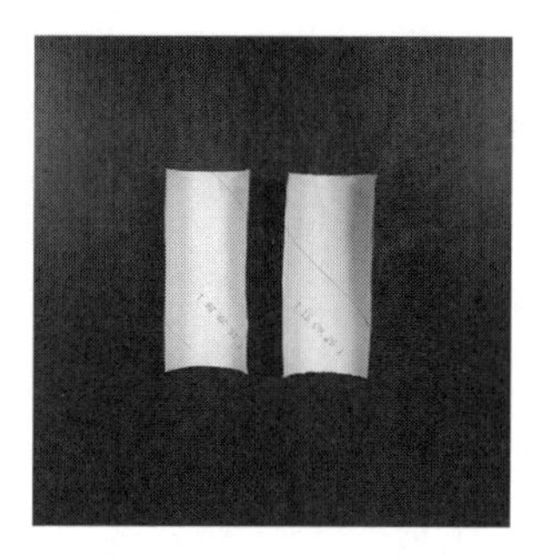

○ しかけになる３本の帯を切ります。

○ 写真のように，のりしろ分（2cm 程度）も加えた長さで，高さはトイレットペーパー芯に合わせて切り，それを３等分にします。

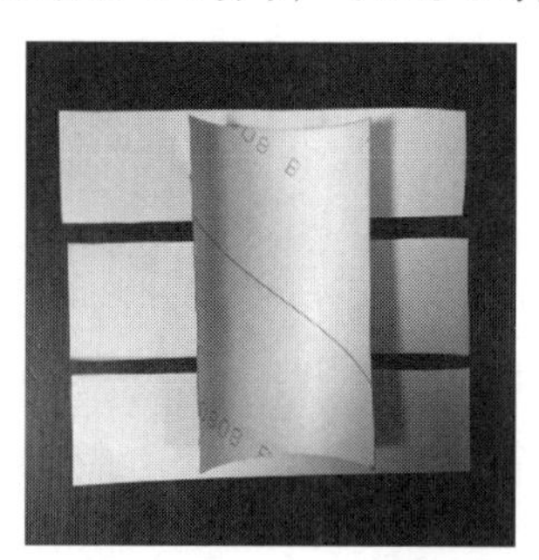

○　トイレットペーパー芯を裏返して，帯の端ののりしろ部分をトイレットペーパー芯の裏に貼ります。

○　写真のように，1つのトイレットペーパー芯には2本を両端に，もう1つには真ん中に帯を貼ります。

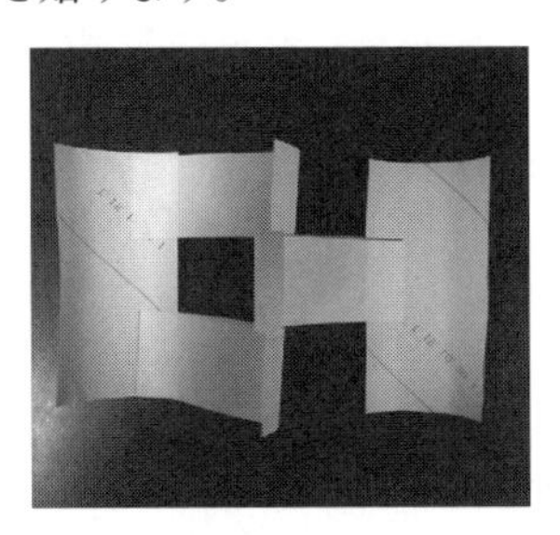

○　帯がそれぞれのペーパー芯の表面（外側）を通るように，2本を寄せます。

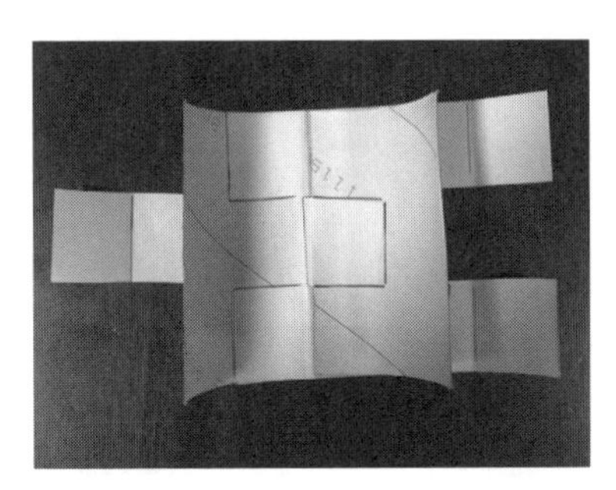

○ 両脇に出た帯の端を筒の裏側（内側）に向けて折り込み，のりで貼ります。折り込んだのりしろ部分を覆うように，ペーパー芯の各裏面に画用紙を貼ります。

○ 表面Aに絵を描き，それを裏返し，さらに筒を中心から外側に向かって開くようにすると，くるりと表面Bが出ます。

ワーク 34：作った筒返しでお話をします。

場面1）「おひさま，にこにこ，今日はい天気。何か芽を出したよ。」(表面A)

場面 2）「今日はとっても気持ちいい。青空もきれいだね。」（裏面）

場面 3）「いつしか，あの芽はぐんぐん伸びて…お花が咲きました。」（表面 B）

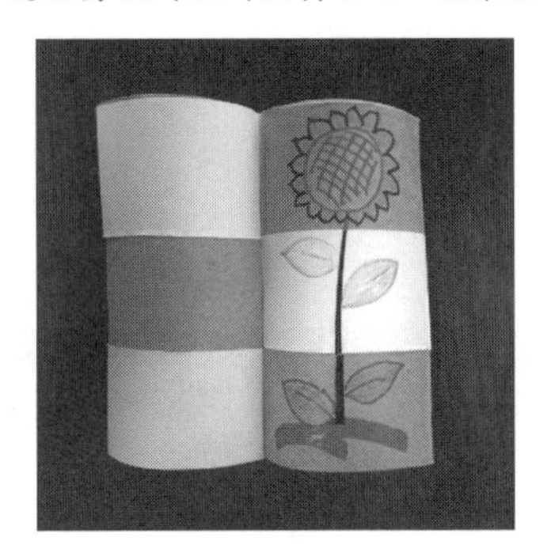

○　帯の部分は，表面 A で表面 B の裏側が表れるので，裏移りしないように色鉛筆または折り紙を使用します。

六角返し

筒返しに引き続き，六角返しも江戸のからくりおもちゃです。どちらも３場面の展開が楽しめます。３場面のお話を考えてみましょう！

ワーク 35：六角返しを作ります。

1. 材料，道具

・画用紙１枚（大きさは自由ですが，八つ切りサイズ程が手の中で動かしやすいでしょう）

・はさみ・のり・色鉛筆

2. 作り方

① 画用紙を３等分して帯を作る。３本のうち，必ず２本は同じ幅になるようにします。

② 同じ幅の帯2本を使います。帯は，つなげて約2倍の長さにします。1cm 程重ね，のりで貼り合わせます。

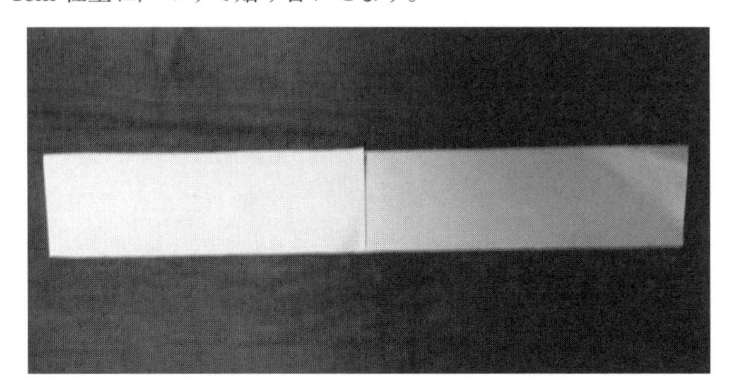

③ 左の端 10cm 程，半分の帯幅になるように折り目を付けます。

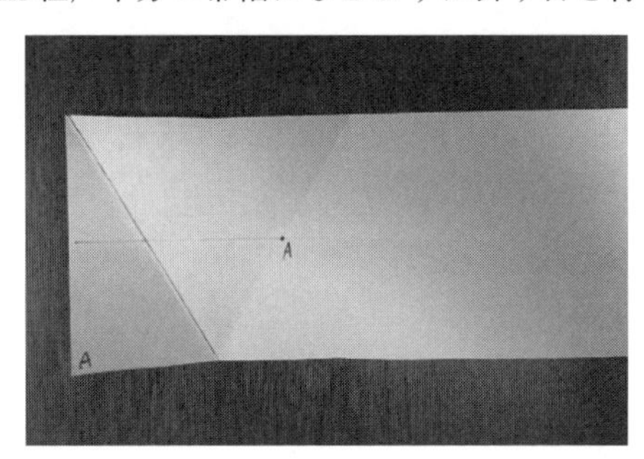

④ 左下の角（A）を③の折り目（A）に合わせます。この時に左上の角がとがらせます。

⑤ 左の斜め線が下辺にくるように，左上（B）と下辺（B）を合わせ，正三角形をひとつ作ります。

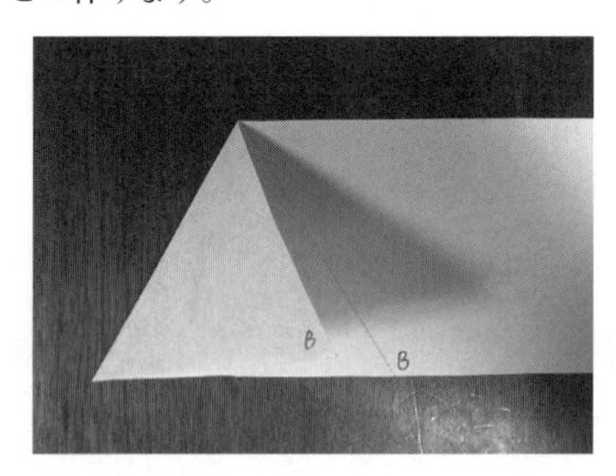

⑥ 山折り，谷折りをくり返しながら，正三角形をジャバラ折りにしていきます。正三角形は 10 個目まで作ります。広げて，10 個できていることを確認します。

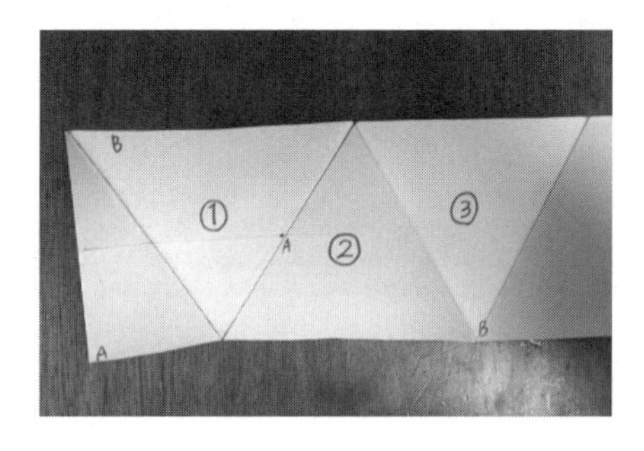

⑦ 最初の帯の状態に広げ，左側の小さな三角形と 10 個目の正三角形の右側を切ります。

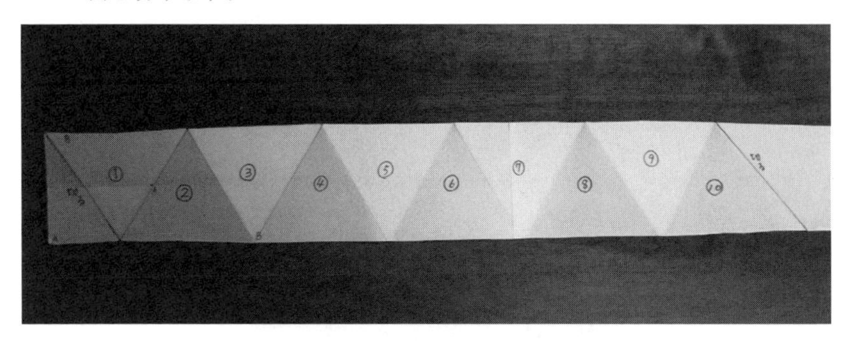

⑧ 折り目の通りに，再度折り，最後に 10 番目の正三角形だけはジャバラ折りと反対に折り，正三角形をくるむように貼ります。

⑨ 開いたら，六角形が表れました。形は出来上がりです。裏移りしない色鉛筆で１つめの絵を描き，次に切り込み部分を山折り，つながっている部分を谷折りにして，中心から開くように動かしていきます。

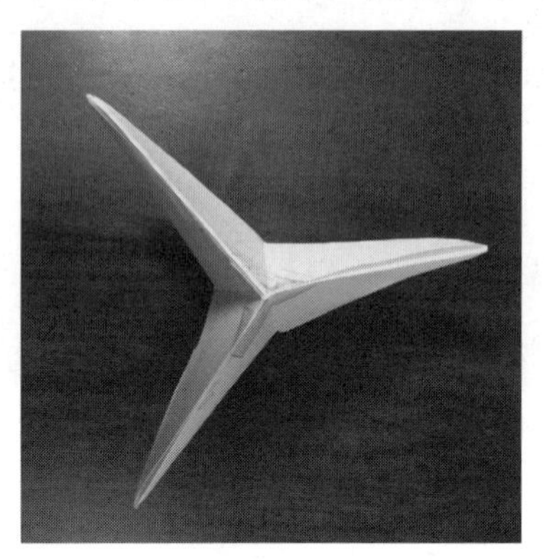

⑩ くるりと中心から開いて，出てきた２場面目にも絵を描きます。同じ動作で中心から開くと今度は３場面目が出てきますので，そこに３つめの絵を描きます。切り込みを入れることで，折り紙や切り抜きの絵を使うこともできます。

ワーク 36：作った六角返しでお話をします。

切り込みを山折りにし，中心からくるんと次の場面に動かすにはコツをつかむ必要があります。スムーズに動かせるように練習をしてみましょう。

場面 1）

お家が一軒ありました。

場面 2）

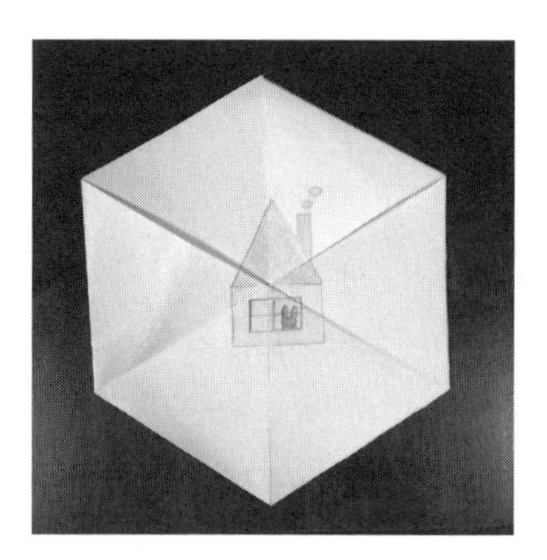

だれが住んでいるのでしょう。

場面 3)

うさぎさんがいましたね。

3場面のお話は，どのような内容が浮かびましたか。例に挙げましたが，第7章でも紹介したなぞなぞ遊びの内容などを六角返しに重ねることもできそうですね。

それから，「卵→ひよこ→にわとり」「芽が出る→伸びる→花が咲く」「星空→花火があがる→ドンと花開く」というように時間経過の中で起こるプロセスで展開させるのもわかりやすいでしょう。

また，せっかく子どもの実際の声を聞くことのできる立場ですから，子どもから発信されたお話を受け取り，オリジナルのおもちゃを一緒に作っていくのも楽しいでしょう。子どもの“今”を捉えることができるのは，母親や保育者など，身近な大人ですね。例えば，青い靴を買ってもらったことを嬉しそうに話してくれた子どもがいたら，「何かが見えるね。青いね。何かな。→青い靴だ。→○○ちゃんの靴だね。ママに買ってもらって嬉しいね。」等，日常のひとコマを手づくりおもちゃのミニ絵本にしてみませんか。子どもの幸せをおもちゃの中に表現し，幸せを分かち合いながら，子どもとのつながりを深めていきませんか。

参考文献

NPO 法人日本グッド・トイ委員会　監修『おもちゃインストラクター入門　子どもの発達に合わせた玩具と手づくりおもちゃを学ぶ』黎明書房　2007 年

コラム2　幼稚園の絵本作り

愛隣幼稚園　木下勝世・中西志保

1．絵本作りの始まり

年少のころから絵を描くのが大好きだったＳ君は，年中に進級しても毎日部屋で一人で絵を描いて過ごすことが多かった。担任は他の遊びも楽しんだり，友だちとのかかわりを増やしてほしいと願った。そこでＳ君を外へ誘ったり，他の遊びに目が向くよう言葉をかけたり，色々試みてみた。しかしやっぱり一人で絵を描くことに戻ってしまう。そこで，Ｓ君が周りに目を向けることよりも，周りの友だちがＳ君の遊び（絵を描くこと）に目を向けるようにすることを考えてみた。

Ｓ君にいつも描いている紙よりもずっと大きな紙を渡してみると，大きなロボットを描いていた。そこへ何人かの男の子が「色を塗ってあげるよ」とクレヨンを持って集まってきた。このなかでＳ君はＴ君と出会い，２人で絵を描き遊び続けるようになった。その姿を見て，クラスのみんなも見られるような本を作ってみないかと持ちかけると，すぐやる気になり，Ｓ君の第１作「ロボットたちのいるところ」(2000.11.8）ができた。続けてＴ君が「どらごんだいにんき」(2000.11.20）を作った。これらをクラスの集まりのときなどにみなに読んであげたり，部屋の絵本コーナーに置いて，自由に手にして読めるようにした。

２人の絵本作りを見て，何人かの子が「絵本を作りたい」と言ってきた。しかし年中後半のこの時期に絵本作りを広げていくのは少々早いと考え，他の子には断り続け，２人だけの遊びとして保障することにした。Ｓ君とＴ君はその後も絵本作りを続け，「16のほしのいるところのおはなし」(2001.1.26)，「どらごんてんてんじま」(2001.1.26）が誕生した。

2．絵本作りの広がりと「愛隣月組社」

年長「つき組」に進級して間もないころ，Ｔ君が「たいきだいき」(2001.4.20）を制作した。このお話の主人公はクラスに実在する２人の男の子である。自分たちの身近かな２人が登場する話であったし，性格も違うこの２人が実は同一人物であったという思いも寄らない展開のおもしろさに，みんなは引き込まれた。またお話自体が，クラスのみんなも知っているT君の身近な出来事や遊び，また幼稚園で読んだ本の印象深い場面などで作られていたから，他の子たちにもわかりやすかったようだった。

この「たいきだいき」がきっかけとなり，再び「絵本を作りたい」と言い出す子が増えてきた。年長のこの時期であれば良い時期と考え，1年間をかけてみんなで絵本作りをしてみようと計画した。絵本作りが広がり始めたこのころ，初めに絵本作りをしたS君とT君に「絵本の会社を作ってみないか」と持ちかけた。このアイデアは担任の小学校1年生のときの経験がもとになっている。当時国語の授業で詩の本が取り上げられた。担任の先生がプリント数枚ほどのテキストを本にして，会社名を「まほう社」と付けた。子どもたちはこの本に好きな値段をつけたりした。楽しかったこの経験が思い出に残っており，S君とT君に同様の提案をすることにしたのである。

S君とT君にとって，絵本の会社を作るという提案はピンと来なかった様子であった。部屋にある本を見せ，どの本もそれを作った会社があり，会社の名前が本の後ろに載っていることを教えると，「会社を作ろう！」ということになった。2人の口から少しずつ「ロボット会社」「どらごん会社」など，会社の名前の案が出てきた。最終的にクラスのみんなにも良くわかる名前にしようということになり，「愛隣社」と「月組社」の名前を合わせて「愛隣月組社」にすることに決定した。「愛隣月組社」の設立によって，絵本に対するクラスの関心は一気に高くなり，絵本作りが広がると共に，絵本をみんなのものとして受け入れる気持ちが広がっていったように思う。

3. 絵本作りと子どもたち

絵本が出来上がると，早速その日のクラスの集まりで披露された。みんなでそれを読み，部屋の絵本コーナーに置いて自由に見ることが出来るようにした。

1学期の後半の年長組は，幼稚園に1泊する「合宿」を行う。この年の合宿では，ホールにグループが思い思いの家を作り，そこで泊まることになった。担任は愛隣月組社の絵本作りの手法をそのまま使って，子どもたちの家作りや幼稚園に泊まるための準備の様子を紹介する「つき組まちづくり」という本を作った。子どもたちの活動の進展に即して，毎日1～2ページずつ増えていく本である。この絵本の文字や絵を通して，幼稚園に泊まることがどんなことか，それに向けてクラスのみんなが今どんなことをしているかがわかりやすくなった。また幼稚園に泊まることを楽しみに待つ気持ちが持てるようになっていった。

Y君は年中の最後で転居のために退園した子であった。「たいきだいき」はY君と仲良しであったD君が主人公になっているので，本のコピーをY君に送ってあげた。するとY君も絵本を作りたくなったのであろう，合宿の直前にY君から自作の絵本「ゆうだいき」の原稿が送られてきた。この原稿をOHPのシートにコピーして，合宿の夜のサプライズとして上映した。後日製本したものをY君に送り，コピーを部屋の絵本コーナーに置いた。引越ししたY君から届いた楽しいお話「ゆうだいき」は，「たいきだいき」に続く愛隣月組社の人気作品になった。

「たいきだいき」は男の子たちに大きな影響を与え，男の子たちはその後同様の物語の絵本を次々と作った。またダウン症のRちゃんが作った「たまご」は，4ページだけの短編であったが人気絵本になった。月組は全部で38人のクラス（担任2名）であったが，全体の7割を超える子どもが自分の絵本を完成させた。中には一人で5冊作ったT・D君をはじめ，何冊か作った子もいた。M・K君は4冊作ったが，そのうちの2冊は卒業して新年度を迎えた4月1日に完成した。

愛隣月組社の絵本が増えてきて，この絵本を幼稚園のみんなに見てもらうことにしようということになった。そこでホールにある幼稚園の図書コーナーに，全作品を並べることにした。愛隣幼稚園では毎週末に絵本の貸し出しが行われ，コーナーの絵本を自由に借りることができる。愛隣月組社の絵本も貸し出し対象になり，読みたいものを家に持って帰れることになったのである。始めのうちはつき組の子ばかりが借りていたが，やがて少しずつ小さい組の子たちも愛隣月組社の絵本を借りていくようになった。やがて小さい組からも「絵本を作りたい」という声が上がるようになった。

卒業を目前にしたあるとき，幼稚園で一番好きだった「あそび」「うた」「ほん」のアンケートをとってみた。好きだった本の部では「たいきだいき」シリーズとRちゃんの作品「たまご」（2001.5.9）が第2位に入った。子どもたちが在園中に作った絵本は，卒業のときに作者にプレゼントし，そのうちいくつかの作品のコピーを制作して幼稚園の図書コーナーに残しておいた。6年経った今でも，愛隣月組社の絵本は図書コーナーに並んでおり，借りていく子たちがいる。

索　引

あ　行

か　行

さ　行

た　行

な　行

は　行

ま　行

や　行

ら　行

編著者紹介

植草（うえくさ）　**一世**（かずよ）

千葉県生まれ
玉川大学大学院文学研究科修士課程修了
幼稚園教諭を経て，

現　在　植草学園大学教授

専　門　幼児教育

主要著書　『保育内容の研究　造形活動と遊び』(単著)大揚社，2003／『事例から学ぶ　子どもを育む母親援助の実際』(共著)保育出版社，2007／『改革期の保育と子どもの福祉』(共著)八千代出版，2007／『シリーズ事例で学ぶ9　家庭福祉論』(共著)学文社，2006 ほか

〈第2版〉
保育の表現活動―ことばを育む保育の素材・教材

2014年3月31日　第1版第1刷発行
2016年1月30日　第2版第1刷発行

編著者　植　草　一　世
発行者　田　中　千　津　子
発行所　㈱　学　文　社

〒153-0064　東京都目黒区下目黒3-6-1
電話　03(3715)-1501（代表）　振替　00130-9-98842
http://www.gakubunsha.com

乱丁・落丁は，本社にてお取替え致します。
定価は，カバー，売上カードに表示してあります。

印刷所　倉敷印刷㈱
〈検印省略〉

ISBN978-4-7620-2599-0